W9-BLC-785

PICK A NUMBER, ANY NUMBER AT ALL . . .

3.
Only two things are infinite, the universe and human stupidity, and I'm not sure about the former.

Albert Einstein

28.
Always look out for Number One and be careful not to step in Number Two.

Rodney Dangerfield

88.
If a woman has to choose between catching a fly ball and saving an infant's life, she will choose to save the infant's life without even considering if there are men on base.

Dave Barry

133.
National Condom Week is coming soon. Hey, there's a parade you won't want to miss.

Jay Leno

202.
My husband said he needed more space, so I locked him outside.

Roseanne Barr

. . . AND YOU'RE SURE TO COME UP A WINNER!

Also by Robert Byrne
Published by Fawcett Books:

THE 637 BEST THINGS ANYBODY EVER SAID

THE OTHER 637 BEST THINGS ANYBODY EVER
   SAID

THE THIRD—AND POSSIBLY THE BEST—637 BEST
   THINGS ANYBODY EVER SAID

EVERY DAY IS FATHER'S DAY
   (with Teressa Skelton)

CAT SCAN (with Teressa Skelton)

THE 1,911 BEST THINGS ANYBODY EVER SAID
   (omnibus)

THE FOURTH
AND BY FAR
THE MOST RECENT

637

BEST THINGS
ANYBODY EVER SAID

*Many given heightened piquancy
by nineteenth-century line cuts*

Robert Byrne

Who can't seem to stop

FAWCETT CREST · NEW YORK

Sale of this book without a front cover may be unauthorized. If this book is coverless, it may have been reported to the publisher as "unsold or destroyed" and neither the author nor the publisher may have received payment for it.

A Fawcett Crest Book
Published by Ballantine Books
Copyright © 1990 by Robert Byrne

All rights reserved under International and Pan-American Copyright Conventions. Published in the United States by Ballantine Books, a division of Random House, Inc., New York, and simultaneously in Canada by Random House of Canada Limited, Toronto.

No part of this book may be reproduced or transmitted in any form or by any means, electronic or mechanical, including photocopying, recording, or by any information storage and retrieval system, without permission in writing from the Publisher.

Library of Congress Catalog Card Number: 89-29040

ISBN 0-449-21975-5

This edition published by arrangement with Atheneum, an imprint of Macmillan Publishing Co.

Manufactured in the United States of America

First Ballantine Books Edition: September 1991

*Dedicated with love
to anybody who has ever
invited me to dinner*

CONTENTS

Introduction

PART ONE

God and the Universe, Life Itself,
Men and Women, Hair,
Love and Courtship, Blondes, Sex, Marriage,
Offspring, Christmas, Work, Success,
and that's just for starters

PART TWO

Lawyers and Money, Food and Drink,
Health, Politics, Celebrities and Boredom,
Sports, Books and Authors, Places,
Art and Music, War, Aging, Death,
just to mention a few things

PART THREE

One thing and another

Sources, References, and Notes

Index of Authors

Index of Subjects and Key Words

INTRODUCTION
❦◊H◊❦

What? Another collection of the 637 best things anybody ever said? Surely this time the bottom of the barrel has been reached. Not so! Quality is still above the bung, and much of it is in the cream zone. I think this new assortment is as good as any of the previous three. Readers who don't agree are invited to go back to whatever slime pit they came from.

Just kidding! I love my readers. Without them I wouldn't be able to do what I do, the legitimacy of which is borderline, in the opinion of my relatives. Hearing from readers keeps me going—that and the money, which has grown over the years to nearly a trickle. From an R. G. Fisher in New Orleans: "Everyone knows that life is not worth living, as Camus pointed out, so why not waste it compiling meaningless quote books?" I don't know. An attorney in Bucharest, Romania (the farthest-flung fan to date), who has an indecipherable signature, pointed out that "In every language there are only 637 best things anybody ever said. The 638th is always the start of another series of 637."

Another reader, on noting that I quote myself, suggested that "Robert Byrne should be gagged." Although gagging wouldn't stop me from typing, the remark does have merit and is therefore included in the pages that follow.

Which is not to say readers are never a problem. Take the case of the man who calls himself, for some reason, Strange de Jim. He has contributed many splendid lines to Herb Caen's column in *The San Francisco Chronicle*, only two of which I repeat here. The problem comes with the Index of Authors. Is Strange his first or his last name? You'll find him alphabetized as Jim, Strange de.

Or take Hal Lee Luyah, who mailed me dozens of well-crafted zingers, five of which are included among the 637 presented here. Is Hal Lee Luyah a pseudonym or did his parents really call him that in order to have something to shout on Easter Sunday? He won't tell.

The reasons quality has held up are severalfold. One is that twice as much time—four years—was invested in compiling this sequel as in either of the previous two. Another is that the audience for them has grown, and a larger audience means more contributions. There are people who have sent me hundreds of their favorite lines. Such generosity is stunning. Beyond crediting and thanking contributors who have been especially helpful, I should send them some sort of prize or gift. Well, maybe not.

Third, comedy and comedians are growing in number and are churning out a river of material. Odds are that if you knock a random person down, it will be a standup comedian . . . or somebody who thinks he is. The country is awash in one-liners. Part of what I do is sit on the shore and take potluck from the flotsam.

A final factor is that I'm much older than I was when the series began and better able to pick quotes and drawings. There is more bile and acid in my blood. Socially and mentally, I'm much more twisted than before, doctors agree, and therefore in closer harmony with the rest of you.

A word about the antique line cuts, since nobody asked. They are taken from several dozen collections, most of them put out by Dover Publications, which contain between 15,000 and 20,000 drawings. It's not easy finding a good match between a quote and a drawing, and I think I deserve more credit than I've been getting. When I do find a match, I'm happy for up to a minute at a time, and my craggy face is wreathed in smiles. It's then that you should ask for favors.

A few announcements for readers unfamiliar with the earlier volumes: In Part One and Part Two, the quotes are loosely grouped according to subjects, which tend to follow one another according to the rules of life rather than the alphabet. For example, Hair follows Women, Loneliness follows Truth, and Boredom follows Celebrities. The result is a book best read from front to back, though browsing is permitted. Indexes are provided for those who want a quote on a particular subject or who are trying to locate a quote half-remembered.

Birth and death dates are given only for dead people. Quotes aren't numbered if they appeared in the earlier volumes or if they don't deserve a number. I don't know why certain topics are so much better represented than others, and I don't care. It's just the way it turned out.

I'm sorry about the number of quotes ascribed to Unknown. I relied more this time on contributions from readers, many of whom don't swing on scholarly apparatus. If you can supply a missing ascription, or correct a wrong one, or have a good line I missed, speak up. If you do send me something I can use in a future tome, you'll be mentioned somewhere in the text, a practice called *quid pro quote*.

For help in tracking down missing ascriptions, I wish to thank Steve Allen, Stanley Ralph Ross, and Harry Crane. Thanks also to Abby Adams, compiler of the newly published *An Uncommon Scold*, who let me rummage through her manuscript in search of quotes by women.

Robert Byrne
c/o Fawcett Books
201 East 50th Street
New York, New York 10022

PART ONE

God and the Universe
Life Itself
Men and Women
Hair
Love and Courtship
Blondes
Sex
Marriage
Offspring
Christmas
Work
Success
and that's just for starters

1

God created man, but I could do better.   *Erma Bombeck*

2

If there is a supreme being, he's crazy.
Marlene Dietrich

3

Only two things are infinite, the universe and human stupidity, and I'm not sure about the former.
Albert Einstein (1879–1955)

4

We are here on earth to do good to others. What the others are here for, I don't know.
W. H. Auden (1907–1973)

5

I don't know, I don't care, and it doesn't make any difference. *Jack Kerouac (1922–1969)*

6

There ain't no answer. There ain't going to be any answer. There never has been an answer. That's the answer. *Gertrude Stein (1874–1946)*

7

The meek shall inherit the earth . . . if you don't mind. *Graffito*

8

If you don't count some of Jehovah's injunctions, there is no humor in the Bible. *Mordecai Richler*

9

Woe unto you who laugh now, for you shall mourn and weep. *Jesus Christ, according to Luke 6:25*

.10

I sometimes worry that God has Alzheimer's and has forgotten us. *Lily Tomlin and Jane Wagner*

11

God seems to have left the receiver off the hook.

Arthur Koestler

12

If God listened to every shepherd's curse, our sheep would all be dead. *Russian proverb*

13

What can you say about a society that says that God is dead and Elvis is alive? *Irv Kupcinet*

14

To Jesus Christ! A splendid chap!

Toast by Sir Ralph Richardson (1902–1983)

15

If Jesus was Jewish, how come he has a Mexican name?

Unknown

16

Churches welcome all denominations, but most prefer fives and tens. *Unknown*

17

The Vatican is against surrogate mothers. Good thing they didn't have that rule when Jesus was born.

Elayne Boosler

18

A difference of opinion is what makes horse racing and missionaries. *Will Rogers (1879–1935)*

19

Do television evangelists do more than lay people?

Stanley Ralph Ross

20

Sin is geographical. *Bertrand Russell (1872–1970)*

✎◉H◉✎

21

Even when I'm sick and depressed, I love life.

Arthur Rubenstein (1887–1982)

22

Life! Can't live with it, can't live without it.

Cynthia Nelms

23

Life is something that happens when you can't get to sleep. *Fran Lebowitz*

24

There is no cure for birth or death except to try to enjoy the interval. *George Santayana (1863–1952)*

25

Why torture yourself when life will do it for you?

Laura Walker

26

It may be that we have all lived before and died, and this is hell. *A. L. Prusick*

27

Life's a bitch, and then you meet one. *Unknown*

28

Always look out for Number One and be careful not to step in Number Two. *Rodney Dangerfield*

29

It's not what you are, it's what you don't become that hurts. *Oscar Levant (1906–1972)*

The ethical argument regarding abortion hinges on the question of exactly when life begins. Some believe that life begins at forty. *Kevin Nealon*

It is said that life begins when the fetus can exist apart from its mother. By this definition, many people in Hollywood are legally dead. *Jay Leno*

Some mornings it just doesn't seem worth it to gnaw through the leather straps. *Emo Philips*

Everything I did in my life that was worthwhile I caught hell for. *Earl Warren (1891–1974)*

It's a dog-eat-dog world, and I'm wearing Milk Bone shorts. *Kelly Allen*

35

You have to live life to love life, and you have to love life to live life. It's a vicious circle. *Unknown*

36

In a fight between you and the world, bet on the world. *Franz Kafka (1883–1924)*

37

Man was predestined to have free will. *Hal Lee Luyah*

38

Swallow a toad in the morning if you want to encounter nothing more disgusting the rest of the day.
Nicolas Chamfort (1741–1794)

39

If you want a place in the sun, you must leave the shade of the family tree. *Osage saying*

40

In spite of the cost of living, it's still popular.
Kathleen Norris (1880–1966)

41

If you're already in a hole, it's no use to continue digging. *Roy W. Walters*

42

The longer you stay in one place, the greater your chances of disillusionment. *Art Spander*

43

The optimist proclaims that we live in the best of all possible worlds, and the pessimist fears this is true. *James Branch Cabell (1879–1958)*

44

An optimist is someone who thinks the future is uncertain. *Unknown*

45

I always wanted to be somebody, but I should have been more specific. *Lily Tomlin and Jane Wagner*

46

Dawn! A brand new day! This could be the start of something average. *Ziggy (Tom Wilson)*

"That would be nice."
Charlie Brown on hearing that in life you win some
and lose some. *Charles Schulz*

The second half of the 20th Century is a complete
flop. *Isaac Bashevis Singer*

The more unpredictable the world becomes, the more we
rely on predictions. *Steve Rivkin*

There are few problems in life that wouldn't be eased by
the proper application of high explosives. *Unknown*

Reality is a collective hunch.
Lily Tomlin and Jane Wagner

Humankind cannot bear very much reality.
T. S. Eliot (1888–1965)

53

You've got to take the bitter with the sour.
                    Samuel Goldwyn (1882–1974)

54

Strife is better than loneliness.   *Irish saying*

◈

55

Truth is more of a stranger than fiction.
                    Mark Twain (1835–1910)

56

It is annoying to be honest to no purpose.

Ovid (43 B.C.–A.D. 18)

57

Truth is the safest lie.   *Unknown*

58

I have seen the truth, and it doesn't make sense.

Unknown

⊱✿⊰

59

Never let a computer know you're in a hurry.   *Unknown*

60

My theory of evolution is that Darwin was adopted.

Steven Wright

61

Never try to walk across a river just because it has an average depth of four feet.   *Martin Friedman*

62

Physics lesson: When a body is submerged in water, the phone rings. *Unknown*

63

I like trees because they seem more resigned to the way they have to live than other things do.
Willa Cather (1873–1947)

64

I am at two with nature. *Woody Allen*

✧◎H◎✧

65

Men are nicotine-soaked, beer-besmirched, whiskey-greased, red-eyed devils. *Carry Nation (1846–1911)*

66

Many men die at twenty-five and aren't buried until they are seventy-five. *Benjamin Franklin (1706–1790)*

67

Men are superior to women. For one thing, they can urinate from a speeding car. *Will Durst*

68

Men are irrelevant. *Fay Weldon*

69

I require three things in a man. He must be handsome, ruthless, and stupid. *Dorothy Parker (1893–1967)*

70

His mother should have thrown him away and kept the stork. *Mae West (1892–1980)*

71

I have yet to hear a man ask for advice on how to combine marriage and a career. *Gloria Steinem*

When a man brings his wife flowers for no reason—
there's a reason. *Molly McGee*

Men! You can't live with them and you can't
    1. Dip them in batter for tempura,
    2. Use them for collateral on a loan,
    3. Put in new batteries.

"Sylvia" (Nicole Hollander)

74

The main difference between men and women is that men
are lunatics and women are idiots.

Rebecca West (1892–1983)

75

Any young man who is unmarried at the age of twenty-one is a menace to the community.

Brigham Young (1801–1877)

76

Talking with a man is like trying to saddle a cow. You work like hell, but what's the point? Gladys Upham

77

Men read maps better than women because only men can understand the concept of an inch equaling a hundred miles. Roseanne Barr

78

A dork is a dork is a dork. Judy Markey

79

I have known more men destroyed by the desire to have wife and child and to keep them in comfort than I have seen destroyed by drink and harlots.

William Butler Yeats (1865–1939)

80

I grew up to have my father's looks, my father's speech patterns, my father's posture, my father's opinions, and my mother's contempt for my father. *Jules Feiffer*

81

A woman who takes things from a man is called a girlfriend. A man who takes things from a woman is called a gigolo. *Ruthie Stein*

82

The main result of feminism has been the Dutch Treat. *Nora Ephron*

83

Men should think twice before making widowhood women's only path to power. *Gloria Steinem*

84

You make the beds, you do the dishes, and six months later you have to start all over again. *Joan Rivers*

85

Women have the feeling that since they didn't make the rules, the rules have nothing to do with them.

Diane Johnson

86

Women are cursed, and men are the proof.

Roseanne Barr

87

When a woman behaves like a man, why doesn't she behave like a nice man? *Edith Evans (1888–1976)*

88

If a woman has to choose between catching a fly ball and saving an infant's life, she will choose to save the infant's life without even considering if there are men on base. *Dave Barry*

89

Woman in Hurricane Has Same Baby Three Times
Tabloid headline suggested by Tracey Ullman

90

Women can do any job men can and give birth while doing it. *Allan Heavey*

91

Women complain about premenstrual syndrome, but I think of it as the only time of the month I can be myself. *Roseanne Barr*

92

My plastic surgeon told me my face looked like a bouquet of elbows. *Phyllis Diller*

93

She was so ugly she could make a mule back away from an oat bin. *Will Rogers (1879–1935)*

⋙⊙⊷⊙⋘

94

I don't consider myself bald. I'm simply taller than my hair.   *Tom Sharp*

95

You're only as good as your last haircut.   *Susan Lee*

96

I am my hair.   *Woman overheard by Roy Blount, Jr.*

❧◈❧

97

Every time I look at you I get a fierce desire to be lonesome.   *Oscar Levant (1906–1972)*

98

I hate people. People make me pro-nuclear.

Margaret Smith

99

Love is an exploding cigar we willingly smoke.

Lynda Barry

100

You need someone to love while you're looking for someone to love. *Shelagh Delaney*

101

God is love, but get it in writing.

Gypsy Rose Lee (1914–1970)

102

Abstinence makes the heart grow fonder. *Knox Burger*

103

It is better to have flunked your Wasserman than never to have loved at all.   *Jim Stark*

⊶⊙⊷

104

Boy meets girl. So what?   *Bertolt Brecht (1898–1956)*

105

Men and women, women and men. It will never work.   *Erica Jong*

106

If you want to catch a trout, don't fish in a herring barrel.   *Ann Landers on singles bars*

107

The animals most often encountered in the singles jungle are pigs, dogs, wolves, skunks, slugs, and snakes. The fox is imaginary.

Robert Byrne

Robert Byrne should be gagged.   *Tracy Chreene*

108

I go from stool to stool in singles bars hoping to get lucky, but there's never any gum under any of them. *Emo Philips*

109

A ''Bay Area Bisexual'' told me I didn't quite coincide with either of her desires. *Woody Allen*

110

PERSONALS:
Famous Writer needs woman to organize his life and spend his money. Loves to turn off Sunday football and go to the Botanical Gardens with that special someone. Will obtain plastic surgery if necessary.
Sure-fire singles ad by Joe Bob Briggs

111

When I meet a man I ask myself, ''Is this the man I want my children to spend their weekends with?''
Rita Rudner

112

Oh God, in the name of Thine only beloved Son, Jesus Christ, Our Lord, let him phone me now.
Dorothy Parker (1893–1967)

113

I enjoy dating married men because they don't want anything kinky, like breakfast. *Joni Rodgers*

114

Women with pasts interest men because they hope history will repeat itself. *Mae West (1892–1980)*

115

I turned down a date once because I was looking for someone a little closer to the top of the food chain.
Judy Tenuta

116

Have you ever dated someone because you were too lazy to commit suicide? *Judy Tenuta*

117

Never date a woman you can hear ticking.
Mark Patinkin

118

There is one thing I would break up over, and that is if she caught me with another woman. I won't stand for that. *Steve Martin*

119

My boyfriend and I broke up. He wanted to get married and I didn't want him to. *Rita Rudner*

120

I'm dating a woman now who, evidently, is unaware of it. *Garry Shandling*

121

Necessity is the mother of attraction. *Luke McKissack*

122

When confronted with two evils, a man will always choose the prettier. *Unknown*

꿍OH◌

123

Blondes have more fun because they're easier to find in the dark. *Unknown*

124

When I was giving birth, the nurse asked, "Still think blondes have more fun?" *Joan Rivers*

125

It is possible that blondes also prefer gentlemen.
Mamie Van Doren

126

Gentlemen prefer bonds. *Andrew Mellon (1855–1937)*

⌒⌒⊙H⊙⌒

127

Is sex better than drugs? That depends on the pusher.
Unknown

128

For birth control I rely on my personality. *Milt Abel*

129

Condoms aren't completely safe. A friend of mine was wearing one and got hit by a bus. *Bob Rubin*

130

When the clerk tried to sell me condoms that were made of sheep intestines because they have a more natural feel, I said, "Not for northern women." *Elayne Boosler*

131

Some condoms are made of sheep intestines, but I was so scared the first time I wore the whole sheep.

Danny Williams

132

Some condom packages are stamped "Reservoir." You mean those thing can generate hydroelectric power?

Elayne Boosler

133

National Condom Week is coming soon. Hey, there's a parade you won't want to miss. *Jay Leno*

134

This gum tastes funny. *Sign on condom machine*

135

"I don't know, I never looked."
Answer to the question: "Do you smoke after sex?"
Unknown

136

I don't even masturbate anymore, I'm so afraid I'll give myself something. I just want to be friends with myself. *Richard Lewis*

137

The advantage of masturbation over intercourse is that it's less competitive. *Robert Byrne*

138

Before sleeping together today, people should boil themselves. *Richard Lewis*

139

Mr. Right is now a guy who hasn't been laid in fifteen years. *Elayne Boosler*

140

I finally had an orgasm, and my doctor told me it was the wrong kind. *Woody Allen*

141

My wife and I don't have mutual orgasms. We have State Farm. *Milton Berle*

142

Erogenous zones are either everywhere or nowhere.
Joseph Heller

143

During sex I fantasize that I'm someone else.
Richard Lewis

144

I don't mind sleeping on an empty stomach provided it isn't my own. *Philip J. Simborg*

145

"I don't know, what's the record?"
Answer to the question: "How horny can you get?"
Neil Simon

146

The difference between sex and love is that sex relieves tension and love causes it. *Woody Allen*

147

I always thought of you as, at best, asexual, but maybe I was being kind.
From the television show "Slap Maxwell"

148

The late porn star Johnny Wadd claimed to have been laid 14,000 times. He died of friction.   *Larry Brown*

149

I'm not kinky, but occasionally I like to put on a robe and stand in front of a tennis ball machine.
Garry Shandling

150

Kinky sex involves the use of duck feathers. Perverted sex involves the whole duck.   *Lewis Grizzard*

151

One figure can sometimes add up to a lot.
Mae West (1892–1980)

152

I wouldn't let him touch me with a ten-foot pole.
Mae West (1892–1980)

153

Mae West had a voice like a vibrating bed.   *John Kobal*

154

It's okay to laugh in the bedroom so long as you don't point. *Will Durst*

155

Sex is a powerful aphrodisiac.   *Keith Waterhouse*

156

What do I know about sex? I'm a married man.

Tom Clancy

157

Some are born to greatness, some achieve greatness, and some have greatness thrust within them.   *Hal Lee Luyah*

158

Warning signs that your lover is bored:
1. Passionless kisses
2. Frequent sighing
3. Moved, left no forwarding address.

Matt Groening

159

I once made love for an hour and fifteen minutes, but it was the night the clocks are set ahead.   *Garry Shandling*

160

In the old days, women wore so many girdles, corsets, pantaloons, bloomers, stockings, garters, step-ins and God knows what all that you had to practically be a *prospector* to get to first base . . . to even *find* first base. *Danny McGoorty (1903–1970)*

161

Ooooh. Ahhhh. Get out.
   Andrew Dice Clay's impression of a one-night stand.

162

It is a gentleman's first duty to remember in the morning who it was he took to bed with him.
                    Dorothy Sayers (1893–1957)

163

I would never go to bed with a man who had so little regard for my husband.
                    From a novel by Dan Greenburg

Oysters are supposed to enhance your sexual performance, but they don't work for me. Maybe I put them on too soon.   *Garry Shandling*

165

My wife gives good headache.   *Rodney Dangerfield*

166

Oral sex is like being attacked by a giant snail.
                    Germaine Greer

Once while we were making love, a curious optical illusion occurred, and it almost looked as though she were moving. *Woody Allen*

He gave her a look you could have poured on a waffle. *Ring Lardner (1885–1933)*

In breeding cattle you need one bull for every twenty-five cows, unless the cows are known sluts.

Johnny Carson

After making love I said to my girl, "Was it good for you, too?" And she said, "I don't think this was good for anybody." *Garry Shandling*

171

In sex as in banking there is a penalty for early withdrawal.   *Cynthia Nelms*

172

The mirror over my bed reads: Objects appear larger than they are.   *Garry Shandling*

173

I was a virgin till I was twenty, then again till I was twenty-three.   *Carrie Snow*

174

Losing my virginity was a career move.   *Madonna*

175

Sex after ninety is like trying to shoot pool with a rope. Even putting my cigar in its holder is a thrill.
                              George Burns

176

Sometimes a cigar is just a cigar.

Sigmund Freud (1856–1939)

⎯⎯⎯

177

This is my last year to fool around. Then I'm going to settle down and marry a rock star.

From the 1986 movie Modern Girls

178

Dating means doing a lot of fun things you will never do again if you get married. The fun stops with marriage because you're trying to save money for when you split up your property. *Dave Barry*

179

There's nothing like a Catholic wedding to make you wish that life had a fast forward button. *Dan Chopin*

180

I married the first man I ever kissed. When I tell my children that, they just about throw up. *Barbara Bush*

181

Until I got married, I was my own worst enemy.

Unknown

182

The poor wish to be rich, the rich wish to be happy, the single wish to be married, and the married wish to be dead. *Ann Landers*

183

Marriage is like paying an endless visit in your worst clothes. *J. B. Priestley (1894–1984)*

184

Marriage is like a besieged fortress. Everyone outside wants to get in, and everyone inside wants to get out.

Quitard

185

The chains of marriage are so heavy it takes two to carry them, and sometimes three.

Alexandre Dumas (1802–1870)

186

Marriage is ridiculous. *Goldie Hawn*

187

Instead of getting married again, I'm going to find a woman I don't like and give her a house.

Lewis Grizzard

188

Love is blind, and marriage is a real eye-opener.

Unknown

189

My divorce came as a complete surprise to me. That will happen when you haven't been home in eighteen years. *Lee Trevino*

190

The secret of a happy marriage is to tell your spouse everything but the essentials. *Cynthia Nelms*

191

All men make mistakes, but married men find out about them sooner. *Red Skelton*

In marriage a man becomes slack and selfish and undergoes a fatty degeneration of the spirit.

Robert Louis Stevenson (1850–1894)

Conrad Hilton was very generous to me in the divorce settlement. He gave me 5,000 Gideon Bibles.

Zsa Zsa Gabor

The only thing that holds a marriage together is the husband being big enough to step back and see where the wife is wrong. *Archie Bunker*

I've been married so long I'm on my third bottle of Tabasco sauce. *Susan Vass*

There is nothing like living together for blinding people to each other. *Ivy Compton Burnett (1884–1969)*

Always get married early in the morning. That way, if it doesn't work out, you haven't wasted a whole day.

Mickey Rooney

There are pigtails on the pillow in the morning that weren't there before.

Martin Luther (1483–1546) on marriage

I'm going to marry a Jewish woman because I like the idea of getting up on Sunday morning and going to the deli. *Michael J. Fox*

That married couples can live together day after day is a miracle the Vatican has overlooked. *Bill Cosby*

My wife and I were happy for twenty years. Then we met. *Rodney Dangerfield*

202

My husband said he needed more space, so I locked him outside. *Roseanne Barr*

203

You may marry the man of your dreams, but fifteen years later you're married to a reclining chair that burps.
Roseanne Barr

204

I grew up in a very large family in a very small house. I never slept alone until after I was married.
Lewis Grizzard

205

My parents stayed together for forty years, but that was out of spite.   *Woody Allen*

206

If it weren't for marriage, men and women would have to fight with total strangers.   *Unknown*

⚛

207

Monogamous is what one partner in every relationship wants to be.   *Strange de Jim*

208

Monogamous and monotonous are synonymous.
Thaddeus Golas

209

Monogamy leaves a lot to be desired.   *Unknown*

210

If you want monogamy, marry a swan.
From the movie Heartburn, *1987*

⋘◉H◉⋙

211

When Sears comes out with a riding vacuum cleaner, then I'll clean the house. *Roseanne Barr*

212

My mom was fair. You never knew whether she was going to swing with her right or her left. *Herb Caen*

213

As a housewife, I feel that if the kids are still alive when my husband gets home from work, then hey, I've done my job. *Roseanne Barr*

214

My mother always phones me and asks, "Is everything all wrong?" *Richard Lewis*

⋘◉H◉⋙

I'd get pregnant if I could be assured I'd have puppies. *Cynthia Nelms*

Giving birth is like trying to push a piano through a transom. *Alice Roosevelt Longworth (1884–1980)*

When I was born I was so surprised I didn't talk for a year and a half. *Gracie Allen (1906–1964)*

I have never understood the fear of some parents about babies getting mixed up in the hospital. What difference does it make as long as you get a good one?
Heywood Broun (1888–1939)

A soiled baby with a neglected nose cannot be conscientiously regarded as a thing of beauty.
Mark Twain (1835–1910)

220

Babies don't need vacations, but I still see them at the beach. *Steven Wright*

221

When childhood dies, its corpses are called adults.
Brian Aldiss

222

Adults are obsolete children. *Dr. Seuss*

223

It's a dull child that knows less than its father.
Unknown

224

Before I was married I had three theories about raising children. Now I have three children and no theories. *John Wilmot, Earl of Rochester (1647–1680)*

When my kids become wild and unruly, I use a nice, safe playpen. When they're finished, I climb out.

Erma Bombeck

My children love me. I'm like the mother they never had.

Roseanne Barr

The highlight of my childhood was making my brother laugh so hard that food came out of his nose.

Garrison Keillor

We had a quicksand box in our backyard. I was an only child, eventually. *Steven Wright*

I was the kid next door's imaginary friend. *Emo Philips*

As parents, my wife and I have one thing in common. We're both afraid of children. *Bill Cosby*

231

My father was frightened of his father, I was frightened
of my father, and I am damned well going to see to it
that my children are frightened of me.

King George V (1865–1936)

232

If a child shows himself to be incorrigible, he should be
decently and quietly beheaded at the age of twelve lest
he grow to maturity, marry, and perpetuate his kind.

Don Marquis (1878–1937)

233

I reached puberty at age thirty. At age twelve I looked
like a fetus. *Dave Barry*

234

My niece was in *The Glass Menagerie* at school. They
used Tupperware. *Cathy Ladman*

235

Reasoning with a child is fine if you can reach the child's
reason without destroying your own.

John Mason Brown (1900–1969)

There is nothing wrong with teenagers that reasoning with them won't aggravate. *Unknown*

If Abraham's son had been a teenager, it wouldn't have been a sacrifice. *Scott Spendlove*

If you want to recapture your youth, cut off his allowance. *Al Bernstein*

Anybody who has survived his childhood has enough information about life to last him the rest of his days.
Flannery O'Connor (1925–1964)

Ask your child what he wants for dinner only if he's buying. *Fran Lebowitz*

If you must hold yourself up to your children, hold yourself up as an object lesson and not as an example. *George Bernard Shaw (1856–1950)*

242

My parents were too poor to have children, so the neighbors had me. *Buddy Hackett*

243

Have children while your parents are still young enough to take care of them. *Rita Rudner*

244

Children despise their parents until the age of forty, when they suddenly become just like them, thus preserving the system. *Quentin Crewe*

245

Roses are reddish
Violets are bluish
If it weren't for Christmas
We'd all be Jewish.

Benny Hill

246

I stopped believing in Santa Claus when my mother took me to see him in a department store, and he asked for my autograph. *Shirley Temple*

247

The three stages of a man's life:
  1. He believes in Santa Claus;
  2. He doesn't believe in Santa Claus;
  3. He is Santa Claus.

Unknown

248

You can't beat the gentiles in December. We were stupid to make Hanukkah then.
Ralph Schoenstein's grandfather

249

Santa Claus has the right idea: Visit people once a year.
Victor Borge

250

Thanksgiving comes *after* Christmas for people over thirty. *Peter Kreeft*

251

Christmas is Christ's revenge for the crucifixion.

Unknown

252

Setting a good example for children takes all the fun out of middle age. *William Feather*

253

There is no such thing as fun for the whole family.

Jerry Seinfeld

254

In order to influence a child, one must be careful not to be that child's parent or grandparent.

Don Marquis (1878–1937)

255

The time not to become a father is eighteen years before a war. *E. B. White (1899–1985)*

256

A married man with a family will do anything for money.
Charles Maurice de Talleyrand-Perigord (1754–1838)

257

To be a successful father, there's one absolute rule: When
you have a kid, don't look at it for the first two years.
Ernest Hemingway (1899–1961)

Hemingway was a jerk.   *Harold Robbins*

Harold Robbins doesn't sound like an author, he sounds
like a company brochure.   *The New Yorker*

258

You should have seen what a fine-looking man he was
before he had all those children.   *Arapesh tribesman*

259

Parenthood remains the greatest single preserve of the
amateur.   *Alvin Toffler*

260

I have over 42,000 children, and not one comes to
visit.   *Mel Brooks as The 2000-Year-Old Man*

261

It behooves a father to be blameless if he expects his son to be. *Homer (circa 1000 B.C.)*

262

Any father whose son raises his hand against him is guilty of having produced a son who raised his hand against him. *Charles Péguy (1873–1914)*

263

Parents are not interested in justice, they are interested in quiet. *Bill Cosby*

264

My parents only had one argument in forty-five years. It lasted forty-three years. *Cathy Ladman*

265

My parents have been visiting me for a few days. I just dropped them off at the airport. They leave tomorrow. *Margaret Smith*

⊷⊙H☺⊶

266

I've been promoted to middle management. I never thought I'd sink so low. *Tim Gould*

267

Do it my way or watch your butt.
Management philosophy from the movie
Raising Arizona, 1987

268

No man ever listened himself out of a job.
Calvin Coolidge (1872–1933)

269

Canadians shouldn't come down to Southern California and take jobs away from our Mexicans.

Stanley Ralph Ross

270

There ain't no rules around here! We're trying to accomplish something! *Thomas Edison (1847–1931)*

271

A career is a job that has gone on too long.

Cartoon caption by Jeff MacNelly

272

I used to work at The International House of Pancakes. It was a dream, and I made it happen.

Paula Poundstone

273

Tell your boss what you think of him, and the truth shall set you free. *Unknown*

❦

274

A holding company is a thing where you hand an accomplice the goods while the policeman searches you.

Will Rogers (1879–1935)

275

A criminal is a person with predatory instincts without sufficient capital to form a corporation. *Howard Scott*

276

The economy of Houston is so bad right now that two prostitutes the police arrested turned out to be virgins.

Bill Abeel

✣

277

Success isn't permanent, and failure isn't fatal.

Mike Ditka

278

Success has many fathers, failure is a mother.

Jeanne Phillips

279

The worst part of success is trying to find someone who is happy for you. *Bette Midler*

280

Success is women you don't even know walking around your house. *From "Saturday Night Live"*

281

If at first you don't succeed, find out if the loser gets anything. *Bill Lyon*

282

Success in life means not becoming like your parents. *Louise Bowie*

283

To make a small fortune, invest a large fortune.

Bruce Cohn

284

Formula for success: Rise early, work hard, strike oil. *J. Paul Getty, allegedly*

285

The penalty of success is to be bored by the people who used to snub you. *Nancy, Lady Astor (1879–1964)*

PART TWO

Lawyers and Money
Food and Drink
Health
Politics
Celebrities and Boredom
Sports
Books and Authors
Places
Art and Music
War
Aging
Death
just to mention a few things

286

Talk is cheap until you hire a lawyer. *Unknown*

287

I've never been in love. I've always been a lawyer.
Unknown

288

There are three reasons why lawyers are replacing rats as
laboratory research animals. One is that they're plentiful,
another is that lab assistants don't get attached to them,
and the third is that there are some things rats just won't
do. *Unknown*

289

A tragedy is a busload of lawyers going over a cliff with
an empty seat. *Unknown*

290

Lawyer Drowning in Bay Rescued
Headline nominated by George de Shazer
as the saddest of the year

291

Lawsuit, n. A machine you go into as a pig and come
out of as a sausage. *Ambrose Bierce (1842–1914)*

292

Is it a bigger crime to rob a bank or to open one?
Ted Allan

293

Two can live as cheaply as one. Take the bird and the horse, for example. *Unknown*

294

I don't like money, but it quiets my nerves.
                              Joe Louis (1914–1981)

295

I wish Karl would accumulate some capital instead of just writing about it. *Karl Marx's mother, allegedly*

296

Money can't buy friends, but it can get you a better class of enemy. *Spike Milligan*

297

Money won is twice as sweet as money earned.
From the movie The Color of Money, *1986*

298

Alimony is always having to say you're sorry.
Philip J. Simborg

299

Never get deeply in debt to someone who cried at the end of *Scarface*. *Robert S. Wieder*

300

The rule is not to talk about money with people who have much more or much less than you. *Katherine Whitehorn*

301

The way to make money is to buy when blood is running in the streets. *John D. Rockefeller (1839–1937)*

302

I don't know much about being a millionaire, but I'll bet I'd be darling at it. *Dorothy Parker (1893–1967)*

303

I don't have a bank account because I don't know my mother's maiden name. *Paula Poundstone*

304

I had plastic surgery last week. I cut up my credit cards. *Henny Youngman*

305

Consequences, shmonsequences, as long as I'm rich.
Daffy Duck

306

A foundation is a large body of money surrounded by people who want some.

Dwight MacDonald (1906–1983)

307

The upper crust is a bunch of crumbs held together by dough.   *Joseph A. Thomas (1906–1977)*

⌑⌑⌑

308

I no longer prepare food or drink with more than one ingredient.   *Cyra McFadden*

309

Eternity is two people and a roast turkey.   *James Dent*

310

Do you hunt your own truffles or do you hire a pig?
Conversational icebreaker suggested by Jean McClatchy

311

I refuse to spend my life worrying about what I eat. There is no pleasure worth forgoing just for an extra three years in the geriatric ward.   *John Mortimer*

312

I asked the clothing store clerk if she had anything to make me look thinner, and she said, ''How about a week in Bangladesh?''   *Roseanne Barr*

313

Diets are mainly food for thought.   *N. Wylie Jones*

314

Avoid fruits and nuts. You are what you eat.
Garfield (Jim Davis)

315

I'm on a grapefruit diet. I eat everything but grapefruit.
Chi Chi Rodriguez

316

In two decades I've lost a total of 789 pounds. I should be hanging from a charm bracelet.   *Erma Bombeck*

317

The toughest part of being on a diet is shutting up about it. *Gerald Nachman*

318

My idea of heaven is a great big baked potato and someone to share it with. *Oprah Winfrey*

319

If it tastes good, it's trying to kill you. *Roy Qualley*

320

Everything I want is either illegal, immoral, or fattening. *Alexander Woollcott (1887–1943)*

321

Eating an anchovy is like eating an eyebrow.   *Unknown*

322

A favorite dish in Kansas is creamed corn on a stick.
Jeff Harms

323

Meat is murder, but fish is justifiable homicide.
Jeremy Hardy

324

I smell a rat. Did you bake it or fry it? *Bill Hoest*

325

Why should we take up farming when there are so many mongongo nuts in the world?
African Bushman quoted by Jared Diamond

326

You'll be hungry again in an hour.
Fortune cookie opened by Ziggy (Tom Wilson)

327

Your request for no MSG was ignored.
Fortune cookie opened by Merla Zellerbach

328

A vegetarian is a person who won't eat meat unless someone else pays for it. *Al Clethan*

329

Cannibals aren't vegetarians, they're humanitarians.
Unknown

330

I'm not a vegetarian because I love animals; I'm a vegetarian because I hate plants. *A. Whitney Brown*

331

Never order anything in a vegetarian restaurant that ordinarily would have meat in it. *Tom Parker*

332

Where there's smoke, there's toast. *Unknown*

333

Never eat anything whose listed ingredients cover more than one-third of the package.   *Joseph Leonard*

334

I don't eat snails. I prefer fast food.   *Strange de Jim*

335

It's okay to be fat. So you're fat. Just be fat and shut up about it.   *Roseanne Barr*

336

Come in, or we'll both starve
Sign in restaurant window

337

I hate to eat and eat and eat and run.   *Neila Ross*

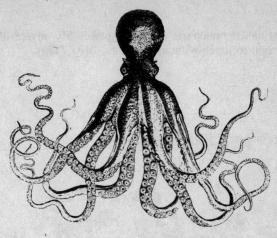

338

Some people like to eat octopus. Liberals, mostly.
Russell Baker

339

Do not make a stingy sandwich
Pile the cold-cuts high
Customers should see salami
Coming through the rye.
Allan Sherman (1924–1973)

340

Plant carrots in January and you'll never have to eat carrots. *Unknown*

341

Ask not what you can do for your country, ask what's for lunch. *Orson Welles on reaching 300 pounds*

342

Continental breakfasts are very sparse. My advice is to go right to lunch without pausing. *Miss Piggy*

343

Miss Piggy is a boar. *Ed Lucaire*

344

The key to a successful restaurant is dressing girls in degrading clothes. *Michael O'Donoghue*

345

The food in Yugoslavia is either very good or very bad. One day they served us fried chains. *Mel Brooks*

346

Good health makes the practice of virtue more difficult. *John Bunyan (1628–1688)*

347

If you don't take care of your body, where will you live? *Unknown*

348

Your medical tests are in. You're short, fat, and bald.
Ziggy (Tom Wilson)

349

How can I get sick? I've already had everything.
George Burns

350

When I told my doctor I couldn't afford an operation, he offered to touch up my X rays. *Henny Youngman*

351

I quit therapy because my analyst was trying to help me behind my back. *Richard Lewis*

352

The art of medicine, like that of war, is murderous and conjectural. *Voltaire (1694–1778)*

⊷⊶

353

Winston Churchill's habit of guzzling a quart or two a day of good cognac is what saved civilization from the Luftwaffe, Hegelian logic, Wagnerian love-deaths, and potato pancakes. *Charles McCabe (1915–1983)*

354

I feel sorry for people who don't drink, because when they get up in the morning, they're not going to feel any better all day. *Frank Sinatra*

355

I drink too much. Last time I gave a urine sample there was an olive in it. *Rodney Dangerfield*

356

I never took hallucinogenic drugs because I never wanted my consciousness expanded one unnecessary iota.
Fran Lebowitz

⊷⊶

357

Politics is a means of preventing people from taking part in what properly concerns them.

Paul Valéry (1871–1945)

358

Politics consists of choosing between the disastrous and the unpalatable.   *John Kenneth Galbraith*

359

Democracy is the name we give to the people when we need them.

Robert Pellevé, Marquis de Flers (1872–1927)

360

There has never been a good government.

Emma Goldman (1869–1940)

361

No more good must be attempted than the public can bear.   *Thomas Jefferson (1743–1826)*

362

Thomas Jefferson's slaves loved him so much they called him by a special name: Dad.   *Mark Russell*

363

When they asked George Washington for his ID, he just took out a quarter.   *Steven Wright*

364

George Bush is Gerald Ford without the pizzazz.

Pat Paulsen

365

A promising young man should go into politics so that he can go on promising for the rest of his life.

Robert Byrne

366

A politician is a man who approaches every problem with an open mouth.   *Adlai Stevenson*

367

A politician can appear to have his nose to the grindstone while straddling a fence and keeping both ears to the ground. *Unknown*

368

My grandmother's brain was dead, but her heart was still beating. It was the first time we ever had a Democrat in the family. *Emo Philips*

369

No matter what your religion, you should try to become a government program, for then you will have everlasting life. *U.S. Representative Lynn Martin*

370

Most isms are wasms.
                    Philosophy professor Gerald Vision

371

We've upped our standards. Up yours.
                    Campaign slogan by Pat Paulsen

372

If I had known that my son was going to be president of
Bolivia [in the 1940s], I would have taught him to read
and write. *Enrique Penaranda's mother*

373

Being head of state is an extremely thankless job.
                    Bokassa I, former emperor of the Central
                    African Republic, while on trial
                    for infanticide, cannibalism, and torture

374

If Roosevelt were alive today, he'd turn over in his
grave. *Samuel Goldwyn (1882–1974)*

375

When they circumcised Herbert Samuel, they threw away the wrong part.
David Lloyd George (1863–1945) on a rival

376

Early today the senator called a spade a spade. He later issued a retraction. *Joe Mirachi*

377

Voters want a fraud they can believe in. *Will Durst*

378

A penny saved is a Congressional oversight.
Hal Lee Luyah

379

Are the people who run for president really the best in a country of 240 million? If so, something has happened to the gene pool. *Bob McKenzie*

380

Nonviolence is a flop. The only bigger flop is violence.
Joan Baez

381

Nonviolence is fine as long as it works.

Malcolm X (1925–1965)

◈

382

You're not famous until my mother has heard of you.

Jay Leno

383

The nice thing about being a celebrity is that, if you bore people, they think it's their fault. *Henry Kissinger*

384

A celebrity is a person known to many people he is glad he doesn't know. *H.L. Mencken (1880–1956)*

385

They want me on all the television shows now because I did so well on "Celebrity Assholes." *Steve Martin*

386

People hate me because I am a multifaceted, talented, wealthy, internationally famous genius. *Jerry Lewis*

387

In her last days, Gertrude Stein resembled a spoiled pear.
Gore Vidal

388

I don't like Diane Keaton anymore. She's had way too much therapy. *Patricia Wentz-Daly*

389

It's sweeping the country like wildflowers.
Samuel Goldwyn (1882–1974)

∽◈∾

390

Nominations in Most Boring Headline contest, sponsored by *The New Republic, 1986*:

> Worthwhile Canadian Initiative (*New York Times*)
> University of Rochester Decides to Keep Name (*New York Times*)
> Surprises Unlikely in Indiana (*Chicago Tribune*)
> Economist Dies (*Wisconsin State Journal*)

391

Every hero becomes a bore at last.
Ralph Waldo Emerson (1803–1882)

⊷⊙H⊙⊶

392

When I played pro football, I never set out to hurt anybody deliberately . . . unless it was, you know, important, like a league game or something. *Dick Butkus*

393

Baseball is what we were, football is what we have become. *Mary McGrory*

394

Go Braves! And take the Falcons with you.
Bumper sticker in Atlanta

395

Cal quarterback Joe Kapp used to call audibles that were
just obscenities directed at the other team. I like that.
Stanford quarterback Greg Ennis

396

Yell for a losing football team:
Let's all jump and scream
For the lavender and cream.

Tom Batiuk

397

Baseball would be a better game if more third basemen got hit in the mouth by line drives.   *Dan Jenkins*

398

George Steinbrenner is the salt of the earth, and the Yankee players are open wounds.   *Scott Osler*

399

That's getting a little too close to home.
   Bob Feller on hearing that a foul ball hit his mother

400

I'm not going to buy my kids an encyclopedia. Let them walk to school like I did.

Another thing never said by Yogi Berra

401

Pro basketball has turned into Wrestlemania, which is why I like college basketball and high school basketball. Actually, it's why I like baseball. *Frank Layden*

402

No comment.
Doug Moe on hearing that he had been voted the most quotable coach in the National Basketball Association

403

If you are caught on a golf course during a storm and are afraid of lightning, hold up a 1-iron. Not even God can hit a 1-iron. *Lee Trevino*

404

Skiing combines outdoor fun with knocking down trees with your face. *Dave Barry*

405

If you are going to try cross-country skiing, start with a small country. *From "Saturday Night Live"*

406

Yell for a Virginia high school:
We don't drink!
We don't smoke!
Norfolk!

Unknown

407

Fishing is a delusion entirely surrounded by liars in old clothes. *Don Marquis (1878–1937)*

408

I bet on a horse at ten to one. It didn't come in until half-past five. *Henny Youngman*

409

A good sport has to lose to prove it. *Unknown*

410

As for bowling, how good can a thing be if it has to be done in an alley? *John Grigsby's ex-wife*

411

When I feel athletic, I go to a sports bar. *Paul Clisura*

◈

412

Curiosity killed the cat, but for a while I was a suspect.
Steven Wright

413

It took me an hour to bury the cat, because it wouldn't stop moving. *From "The Monty Python Show"*

◈

414

Being a newspaper columnist is like being married to a nymphomaniac. It's great for the first two weeks.
Lewis Grizzard

415

As a novelist, I tell stories, and people give me money. Then financial planners tell me stories, and I give them money. *Martin Cruz Smith*

416

The cure for writer's cramp is writer's block.

Inigo DeLeon

417

A painter can hang his pictures, but a writer can only hang himself. *Edward Dahlberg (1900–1977)*

418

The multitude of books is a great evil. There is no limit to this fever for writing. *Martin Luther (1483–1546)*

As she fell face down into the black muck of the mud-wrestling pit, her sweaty 300-pound opponent muttering soft curses in Latin on top of her, Sister Marie thought, "There is no doubt about it; the Pope has betrayed me."

Richard Savastio
Entry in San Jose State's bad writing contest, 1983

420

Desiree, the first female ape to go up in space, winked at me slyly and pouted her thick, rubbery lips unmistakably—the first of many such advances during what would prove to be the longest, most memorable space voyage of my career.

Martha Simpson
Entry in San Jose State's bad writing contest, 1985

421

Jake liked his women the way he liked his kiwi fruit; sweet yet tart, firm-fleshed yet yielding to the touch, and covered with short brown fuzzy hair.

Gretchen Schmidt
Entry in San Jose State's bad writing contest, 1989

422

Nice guys can't write. *Literary agent Knox Burger*

423

If the doctor told me I had only six minutes to live, I'd type a little faster. *Isaac Asimov*

424

Writing books is certainly a most unpleasant occupation. It is lonesome, unsanitary, and maddening. Many authors go crazy. *H. L. Mencken (1880–1956)*

425

A blank page is God's way of showing you how hard it is to be God. *Unknown*

426

Either a writer doesn't want to talk about his work, or he talks about it more than you want. *Anatole Broyard*

427

In Ireland, a writer is looked upon as a failed conversationalist. *Unknown*

428

To call Richard Brautigan's poetry doggerel is an insult
to the entire canine world. *Lazlo Coakley*

429

I am here to live out loud. *Emile Zola (1840–1902)*

430

I sound my barbaric yawp from the rooftops of the
world. *Walt Whitman (1819–1892)*

431

Nothing stinks like a pile of unpublished writing.
Sylvia Plath (1932–1963)

432

No passion in the world is equal to the passion to alter someone else's draft.   *H. G. Wells (1866–1946)*

433

Having your book turned into a movie is like seeing your oxen turned into bouillon cubes.   *John LeCarré*

434

Writing is a profession in which you have to keep proving your talent to people who have none.
Jules Renard (1864–1910)

435

The relationship of editor to author is knife to throat.
Unknown

436

If I had more time, I would write a shorter letter.
Blaise Pascal (1623–1662)

࿐

Reading this book is like waiting for the first shoe to drop. *Ralph Novak*

438

A book must be an ice ax to break the frozen sea within us. *Franz Kafka (1883–1924)*

439

The New York Times Book Review is alive with the sound of axes grinding. *Gore Vidal*

440

JFK—The Man and the Airport
                              Somebody's suggested book title

441

Nine-tenths of all existing books are nonsense.
                              Benjamin Disraeli (1804–1881)

Books for general reading always smell bad; the odor of common people hangs about them.
Friedrich Nietzsche (1844–1900)

Nietzsche was stupid and abnormal.
Leo Tolstoy (1828–1910)

[Tolstoy's *War and Peace* and *Anna Karenina* are] loose, baggy monsters.   *Henry James (1843–1916)*

Henry James writes fiction as if it were a painful duty.
Oscar Wilde (1854–1900)

I hate books, for they only teach people to talk about what they don't understand.
Jean-Jacques Rousseau (1712–1778)

Books should be tried by a judge and jury as though they were crimes.   *Samuel Butler (1835–1902)*

Has the net effect of the invention of printing been good or bad? I haven't the slightest idea and neither has anyone else. As well ask whether it was a good or a bad plan to give over so much of the world's space to oceans.   *H. L. Mencken (1880–1956)*

446

Autobiography is a preemptive strike against biographers. *Barbara Grizzuti Harrison*

447

I haven't read any of the autobiographies about me.
Liz Taylor

448

I always read the last page of a book first so that if I die before I finish I'll know how it turned out. *Nora Ephron*

449

I'm thirty years old, but I read at the thirty-four-year-old level. *Dana Carvey*

450

When you watch television, you never see people watching television. We love television because it brings us a world in which television does not exist.
Barbara Ehrenreich

451

Hear no evil, speak no evil, see no evil, and you'll never be a television anchorman. *Dan Rather*

452

Imagine what it would be like if TV actually were good. It would be the end of everything we know.
                                    Marvin Minsky

⊰◈H◈⊱

453

America is a mistake, a giant mistake.
                        Sigmund Freud (1856–1939)

454

Making duplicate copies and computer printouts of things no one wanted even one of in the first place is giving America a new sense of purpose. *Andy Rooney*

455

Americans will put up with anything provided it doesn't block traffic. *Dan Rather*

Tips for Americans traveling abroad:
  —Carry the Koran
  —Paint a red dot on your forehead
  —Wear sandals
  —Never ask how the Mets are doing.

Mark Russell

The shortest distance between two points is usually under repair.   *Unknown*

If all the cars in the United States were placed end to end, it would probably be Labor Day Weekend.

Doug Larson

459

Parking is such street sorrow.   *Herb Caen*

460

The guy who invented the first wheel was an idiot. The guy who invented the other three, *he* was a genius.
Sid Caesar

461

A hick town is one in which there is no place to go where you shouldn't be.   *Alexander Woollcott (1887–1943)*

462

All creative people should be required to leave California for three months every year.
Gloria Swanson (1899–1983)

463

In some parts of the world, people still pray in the streets. In this country they're called pedestrians. *Gloria Pitzer*

464

Nebraska is proof that Hell is full and the dead walk the earth. *Liz Winston*

465

You can always tell a Texan, but not much. *Unknown*

466

Texans are proof that the world was populated by aliens. *Cynthia Nelms*

467

Canada is the vichyssoise of nations—it's cold, half French, and difficult to stir. *Stuart Keate*

468

I moved to Florida because you don't have to shovel water. *James "The Amazing" Randi*

469

In Buffalo, suicide is redundant. *From* A Chorus Line

470

Why don't some people just shoot themselves in the head the day they are born? *Arkady Renko*

471

In Green Bay, Wisconsin, ten bowling shirts are considered a great wardrobe. *Greg Koch*

472

Not as bad as you might have imagined.
Motto suggested for New Jersey by Calvin Trillin

473

Preferable to Youngstown.
Motto suggested for Akron, Ohio, by Calvin Trillin

◦ஓH◦

474

A person who speaks good English in New York sounds like a foreigner. *Jackie Mason*

475

New York is an exciting town where something is happening all the time, most of it unsolved. *Johnny Carson*

476

An interesting thing about New York City is that the subways run through the sewers. *Garrison Keillor*

477

On a New York subway you get fined for spitting, but you can throw up for nothing. *Lewis Grizzard*

478

New York City is filled with the same kind of people I left New Jersey to get away from. *Fran Lebowitz*

479

On New Year's Eve, people in New Jersey stay up till midnight and watch their hopes drop.   *Richard Lewis*

480

If you want to be safe on the streets at night, carry a projector and slides of your last vacation.   *Helen Mundis*

⊂◉H◉⊃

481

The top TV shows in Russia are "Bowling for Food" and "Wheel of Torture."   *Yakov Smirnoff*

482

The Russians love Brooke Shields because her eyebrows remind them of Leonid Brezhnev.   *Robin Williams*

⊂◉H◉⊃

483

Art is about making something out of nothing and selling it. *Frank Zappa*

484

I do not seek, I find. *Pablo Picasso (1881–1973)*

485

A thing of beauty is a joy for a while. *Hal Lee Luyah*

486

I am a critic—as essential to the theater as ants to a picnic. *Joseph Mankiewicz*

‹◦⊢◦›

487

Without music, life would be a mistake.
Friedrich Nietzsche (1844–1900)

488

I have played over the music of that scoundrel Brahms. What a giftless bastard!
Peter Ilyich Tchaikovsky (1840–1893)

489

If Beethoven had been killed in a plane crash at the age of twenty-two, it would have changed the history of music . . . and of aviation. *Tom Stoppard*

490

Bach in an hour. Offenbach sooner.
Sign on music store door

491

I was involved in the Great Folk Music Scare back in the sixties, when it almost caught on. *Martin Mull*

492

We aren't worried about posterity; we want it to sound good right now. *Duke Ellington (1899–1974)*

493

SONG TITLES:

"I Can't Get Over a Man like You, So You'll Have to Answer the Phone." *Melody Anne*

"You're the Only Thing That's Rising in the Sour Dough of Life." *Maxine Edwards*

"If I Had to Do It All Over Again, I'd Do It All Over You." *Abe Burrows*

"Don't Sit Under the Apple Tree with Anyone Else but Me."
                    Isaac Newton (1642–1727), perhaps?

"I Gave Her a Ring, and She Gave Me the Finger." *Unknown*

"I Can't Fall Asleep Since You Sat on My Pillow Last Night." *David E. Ortman*

✧◉H◉✧

494

If it weren't for the Japanese and Germans, we wouldn't have any good war movies. *Stanley Ralph Ross*

495

Old soldiers never die, just young ones. *Graffito*

496

War is the unfolding of miscalculations.
Barbara Tuchman (1912–1989)

497

The war situation has developed not necessarily to Japan's advantage.
*Emperor Hirohito (1901–1989), after losing
two cities to atom bombs*

498

Violence never solved anything.
Genghis Khan (1162–1227), according to Bob Lee

499

A doctor could make a million dollars if he could figure out a way to bring a boy into the world without a trigger finger. *Arthur Miller*

500

When a thing is funny, search it carefully for a hidden truth. *George Bernard Shaw (1856–1950)*

501

It's hard to be funny when you have to be clean.
Mae West (1892–1980)

502

I never had a sense of humor. What started me in a theatrical direction was finding at a very early age that I had a talent. I could impersonate chickens. Buk buk buk bacagh. *Jonathan Miller*

503

You don't stop laughing because you grow old; you grow old because you stop laughing. *Michael Pritchard*

504

Old age comes at a bad time. *Sue Banducci*

505

After a certain age, if you don't wake up aching in every joint, you are probably dead. *Tommy Mein*

506

If you survive long enough, you're revered—rather like an old building. *Katharine Hepburn*

507

You know you're getting old when you stoop to tie your shoes and wonder what else you can do while you're down there. *George Burns*

508

Old age means realizing you will never own all the dogs you wanted to. *Joe Gores*

509

Children are a great comfort in your old age—and they help you reach it faster, too.   *Lionel Kauffman*

510

My grandmother started walking five miles a day when she was sixty. She's ninety-seven now, and we don't know where the hell she is.   *Ellen DeGeneris*

511

When I was young, the Dead Sea was still alive.
George Burns

512

My health is good; it's my age that's bad.
Ray Acuff at eighty-three

513

An old man in love is like a flower in winter.
Portuguese proverb

514

My parents didn't want to move to Florida, but they turned sixty, and it was the law. *Jerry Seinfeld*

515

Never ask old people how they are if you have anything else to do that day. *Joe Restivo*

◈

516

Death is not the end; there remains the litigation.
Ambrose Bierce (1842–1914)

517

If you don't go to other people's funerals, they won't go to yours.   *Unknown*

518

Death is nature's way of saying, "Your table is ready."
Robin Williams

519

Grave, n. A place in which the dead are laid to await the coming of the medical student.
Ambrose Bierce (1842–1914)

520

The old neighborhood has changed. Hurley Brothers Funeral Home is now called Death 'n' Things.
Elmore Leonard

No matter how rich you become, how famous or powerful, when you die the size of your funeral will still pretty much depend on the weather. *Michael Pritchard*

Death sneaks up on you like a windshield sneaks up on a bug. *Unknown*

The wages of sin are death, but by the time taxes are taken out, it's just sort of a tired feeling.
Paula Poundstone

Get out of here and leave me alone. Last words are for fools who haven't said enough already.
Last words of Karl Marx (1818–1883), allegedly

Errol Flynn died on a seventy-foot yacht with a seventeen-year-old girl. Walter's always wanted to go that way, but he's going to settle for a seventeen-footer and a seventy-year-old. *Mrs. Walter Cronkite*

I don't want to achieve immortality by being inducted into baseball's Hall of Fame. I want to achieve immortality by not dying.   *Leo Durocher at eighty-one*

LAST WILL AND TESTAMENT:
I owe much, I have nothing, the rest I leave to the poor.   *Rabelais (1494–1553)*

Exercise daily. Eat wisely. Die anyway.   *Unknown*

PART THREE

One thing and another

529

I really didn't say everything I said. *Yogi Berra*

530

Next to the originator of a great quote is the first quoter of it. *Ralph Waldo Emerson (1803–1882)*

531

A committee is a group of important individuals who singly can do nothing but who can together agree that nothing can be done. *Fred Allen (1894–1956)*

532

Diplomacy is the art of letting someone else have your way. *Unknown*

533

Palm Springs University—more than one hundred degrees available. *Unknown*

534

The trouble with England is that it's all pomp and no circumstance. *From the 1954 movie* Beat the Devil

535

You can be sincere and still be stupid. *Unknown*

I felt sorry for myself because I had no hands until I met a man who had no chips. *Kent G. Andersson*

Make a bet every day, otherwise you might walk around lucky and never know it. *Jimmy Jones*

I bear no grudges. I have a mind that retains nothing. *Bette Midler*

539

Go to the zoo and enlist. Shave your neighbor's dog. Yo!
Dump your spaghetti on that guy's head.
Inside the ears of crazy people
with cartoonist Gary Larson

540

Two leaps per chasm is fatal.   *Chinese proverb*

541

People who sell macramé should be dyed a natural color
and hung out to dry.   *Calvin Trillin*

542

The only thing standing between you and a watery grave
is your wits, and that's not my idea of adequate protection.   *From the movie* Beat the Devil, *1954*

543

If the rich could hire people to die for them, the poor
could make a wonderful living.   *Jewish proverb*

544

My karma ran over your dogma.   *Unknown*

545

Flying is hours and hours of boredom sprinkled with a few seconds of sheer terror.

Gregory "Pappy" Boyington

546

There is nothing worse than a "now" look with a "then" face. *Dave Falk*

547

Prejudices save time.   *Robert Byrne*

548

The prime purpose of eloquence is to keep other people from talking.   *Louis Vermeil*

549

There are some things only intellectuals are crazy enough to believe.   *George Orwell (1903–1950)*

550

People performing mime in public should be subject to citizen's arrest on the theory that the normal First Amendment protection of free speech has in effect been waived by someone who has formally adopted a policy of not speaking.   *Calvin Trillin*

551

If you shoot at mimes, should you use a silencer?
Steven Wright

552

It is easier for a camel to pass through the eye of a needle if it is lightly greased. *John Nesvig*

553

Time flies like an arrow.
Fruit flies like a banana.
Lisa Grossman

554

She had the Midas touch. Everything she touched turned into a muffler. *Lisa Smerling*

555

I've always found paranoia to be a perfectly defensible position. *Pat Conroy*

556

The early worm gets caught. *John Igo*

557

Familiarity breeds contempt, but you can't breed without familiarity. *Maxim Kavolik*

558

Familiarity breeds children. *Mark Twain (1835–1910)*

559

Two heads are better than none. *Jean Green*

560

The best car safety device is a rear-view mirror with a
cop in it. *Dudley Moore*

561

Leroy is a self-made man, which shows what happens
when you don't follow directions.
Cartoon caption by Bill Hoest

562

If Noah had been truly wise
He would have swatted those two flies.

H. Castle

563

The fuchsia is the world's most carefully spelled flower. *Jimmy Barnes*

564

I had a prejudice against the British until I discovered that fifty percent of them were female. *Raymond Floyd*

565

Washington Irving.
Answer to the question "Who was the first president, Max?"

Steve Allen's Question Man

566

Any other last requests?
Answer to the question "Would you mind not smoking?"

Unknown

567

Wise men talk because they have something to say; fools talk because they have to say something.

Plato (427–347 B.C.*)*

Plato was a bore.

Friedrich Nietzsche (1844–1900)

568

Nietzsche is pietsche,
But Sartre is smartre.

Unknown

Nietzsche was stupid and abnormal.

Leo Tolstoy (1828–1910)

569

Help! I'm being held prisoner by my heredity and environment! *Dennis Allen*

570

Drawing on my fine command of the English language, I said nothing. *Robert Benchley (1889–1945)*

571

GREAT MOMENTS IN HISTORY:
　　January 17, 1821: First recorded incident of a bird
　　mistaking a civil servant for a statue.

　　Second Recorded Incident

572

The days of the digital watch are numbered.

Tom Stoppard

573

I have never seen a situation so dismal that a policeman couldn't make it worse.   *Brendan Behan (1923–1964)*

574

A clear conscience is often the sign of a bad memory.
Unknown

575

Praise does wonders for the sense of hearing.   *Unknown*

576

If I die, I forgive you; if I live, we'll see.
Spanish proverb

577

A pedestrian is a man whose son is home from college.
Unknown

578

Most conversations are simply monologues delivered in the presence of witnesses.   *Margaret Millar*

579

She's descended from a long line her mother listened to. *Gypsy Rose Lee (1914–1970)*

580

Confusion is always the most honest response.

Marty Indik

581

I'm not confused, I'm just well-mixed.

Robert Frost (1874–1963)

582

Does the name Pavlov ring a bell? *Unknown*

583

If at first you don't succeed, you're about average.

Unknown

584

Who's Bob?
What to reply to a person who says, "I'm so confused, Bob."

John Grimes

585

I was walking down the street wearing glasses when the prescription ran out. *Steven Wright*

586

When I can no longer bear to think of the victims of broken homes, I begin to think of the victims of intact ones. *Peter De Vries*

587

Have you always been a Negro or are you just trying to be fashionable? *From the television series "Julia"*

588

If I had permission to do everything, I wouldn't want to do anything. *The one best thing Joe Palen ever said*

589

Thou shalt not admit adultery. *Hal Lee Luyah*

590

There's a deception to every rule. *Hal Lee Luyah*

591

Easy Street is a blind alley. *Unknown*

592

To disagree with three-fourths of the British public is one of the first requisites of sanity.

Oscar Wilde (1854–1900)

593

There are two kinds of complainers, men and women.

Unknown

594

There are two kinds of people, those who finish what they start and so on.   *Robert Byrne*

595

A hat should be taken off when you greet a lady and left off for the rest of your life. Nothing looks more stupid than a hat.   *P. J. O'Rourke*

596

Toys are made in heaven, batteries are made in hell.

Tom Robbins

597

I bought some batteries, but they weren't included.

Steven Wright

598

There's never enough time to do all the nothing you want. *Bill Watterson*

599

Quote me if I'm wrong. *Unknown*

600

The only thing I can't stand is discomfort.

Gloria Steinem

601

Oh, well, half of one, six dozen of the other.

Joe Garagiola

602

The trouble with dawn is that it comes too early in the day. *Susan Richman*

603

When I think over what I have said, I envy dumb people. *Seneca (4 B.C.–A.D. 65)*

604

What kills a skunk is the publicity it gives itself. *Abraham Lincoln (1809–1865)*

605

If you have any problems at all, don't hesitate to shut up. *Robert Mankoff*

606

Fear is that little darkroom where negatives are developed. *Michael Pritchard*

607

Last night somebody broke into my apartment and replaced everything with exact duplicates. When I pointed it out to my roommate, he said, "Do I know you?"
Steven Wright

608

The town where I grew up has a zip code of E-I-E-I-O.
Martin Mull

609

They should put expiration dates on clothes so we would know when they go out of style. *Garry Shandling*

610

Confidence is always overconfidence. *Robert Byrne*

611

Lucy: Do you think anybody ever really changes?
Linus: I've changed a lot in the last year.
Lucy: I mean for the better.

Charles Schulz

612

The major concerns of Emily Litella:
1. Conservation of national race horses
2. Violins on television
3. Soviet jewelry
4. Endangered feces.

Gilda Radner (1946–1989)

613

Let a smile be your umbrella, because you're going to get soaked anyway. *Unknown*

614

Gravity isn't easy, but it's the law. *Unknown*

615

Queen Elizabeth is the whitest person in the world.
Bette Midler

616

Everybody is who he was in high school. *Calvin Trillin*

617

I got kicked out of ballet class because I pulled a groin muscle, even though it wasn't mine. *Rita Rudner*

618

Open your mouth only to change feet.
Stanley Ralph Ross

619

Gentiles are people who eat mayonnaise for no reason.
Robin Williams

620

Some guy hit my fender, and I said to him, "Be fruitful
and multiply," but not in those words.   *Woody Allen*

621

The turn of the century will probably be made by a
woman. *Unknown*

622

Isn't Muamar Khadafy the sound a cow makes when sneezing? *Dave Barry*

623

All Ireland is washed by the Gulf Stream, except my wife's family. *Brendan Behan (1923–1964)*

624

Keep things as they are—vote for the Sado-Masochistic Party. *Unknown*

625

He who lives far from neighbors may safely praise himself. *Erasmus (1466–1536)*

626

Astrology is not an art, it is a disease.
Maimonides (1135–1204)

627

The closest anyone ever comes to perfection is on a job application form. *Unknown*

628

Capital punishment is our society's recognition of the sanctity of human life. *Senator Orrin Hatch of Utah*

629

So much work, so few women to do it. *Unknown*

630

I'm not a Jew. I'm Jew*ish*. I don't go the whole hog.
Jonathan Miller

631

On Golden Blond. *Porn video title*

632

I locked my keys in the car and had to break the windshield to get my wife out. *Red Skelton*

633

Prostitution, like acting, is being ruined by amateurs.
Alexander Woollcott (1887–1943)

634

A good husband is healthy and absent.
Japanese proverb

635

WYMI—the all-philosophy radio station. *Mike Dugan*

636

No man should plant more garden than his wife can hoe.
Old saying

637

If you have something of importance to say, for God's sake start at the end. *Sarah Jeannette Duncan*

Sources, References, and Notes

Quotes are listed here only when there is something useful to add; the details given are all I have.

1. EB as quoted by Charles Roos in *The Rocky Mountain News*, August 31, 1986.
2. MD as quoted in *Rave* magazine, November 1986.
3. AE as quoted by Herb Caen in *The San Francisco Chronicle*, May 16, 1989.
4. WHA as quoted by Dear Abby in her column, May 16, 1988.
8. MR in the Introduction to his *The Best of Modern Humor*, Knopf, 1983.
10. LT and JW in *The Search for Intelligent Life in the Universe*.
12. Russian proverb quoted by R. W. Payne in *A Stress Analysis of a Strapless Evening Gown*, 1963.
14. RR as quoted by Alec Guinness in his autobiography, 1986.
15. Unknown, thanks to Rothwell D. Mason.
16. Unknown, as quoted in *The Hayward Daily Review*, February 18, 1986.
25. LW in a letter to RB.
27. Unknown, thanks to Marqua Lee Brunette.
30. KN on "Saturday Night Live."
32. EP, thanks to R. G. Fisher.
33. EW as quoted in *The San Francisco Chronicle*, April 8, 1989.
35. Unknown, thanks to Eliza Sunneland.

36. FK as quoted by Leah Garchick in *The San Francisco Chronicle*, August 21, 1988.
39. Osage saying thanks to Bob Lee.
40. KN as quoted by Herb Caen in *The San Francisco Chronicle*, August 10, 1985.
41. RWW as quoted in *The Journal of Irreproducible Results*, 1985.
42. AS in *The San Francisco Examiner*.
49. SR, thanks to C. Wesley Eicole, M.D.
51. LT and JW in *The Search for Intelligent Life in the Universe*.
53. SG as quoted by A. Scott Berg in *Goldwyn*, 1989.
54. Irish saying, thanks to Richard Meehan.
58. Unknown, thanks to Stephan Adams.
61. MF as quoted in *The Journal of Irreproducible Results*, 1985.
68. FW in *Down Among the Women*.
70. MW in the movie *Belle of the Nineties*, 1934.
75. BY, thanks to Robert C. Smith.
76. GU, thanks to Johnson Letellier.
78. JM in *The Chicago Sun-Times*, November 9, 1986.
81. RS in *The San Francisco Chronicle*, August 15, 1988.
88. DB is a syndicated columnist for *The Miami Herald*.
89. From TU's television show, May 5, 1989.
90. AH is a standup comedian.
92. PD as quoted by Milton Berle in *B.S. I Love You*, McGraw-Hill, 1988.
94. TS is a standup comedian.
95. SL, thanks to Emily Smith.
96. RB as quoted by Jon Carroll in *The San Francisco Chronicle*, April 1, 1986.
102. KB in a letter from the front, 1943.
103. JS, thanks to John Diones.
106. AL, thanks to John Grigsby.
109. WA in *The Lunatic's Tale*, 1986.
110. JBB is a syndicated columnist.
111. RR is a standup comedian.
112. DP in *A Telephone Call*.
113. JR is a standup comedian.
115. JT is a standup comedian.

117. MP writes for *The Providence Journal*.
134. Thanks to Dr. Win Bottom.
140. WA in the movie *Manhattan*, 1979.
142. JH in *Good as Gold*, 1979.
145. NS in *Brighton Beach Memoirs*, 1986.
146. WA in the movie *A Midsummer Night's Sex Comedy*, 1982.
147. From the show that aired October 7, 1987.
148. LB is a standup comedian.
150. LG in *Elvis Is Dead and I Don't Feel So Good Myself*, 1987.
152. Censors cut this MW line from *Every Day's a Holiday*, 1937.
153. JK in *People Will Talk*, 1986.
154. WD is a standup comedian.
155. KW in *Billy Liar on the Moon*, 1975.
158. From MG's cartoon strip "Life Is Hell."
161. AC is a standup comedian.
166. GG in *Playboy*, June 1989.
167. WA in *The Lunatic's Tale*, 1986.
177. Screenplay by Laurie Craig.
178. DB in *Florida* magazine.
179. DC is a standup comedian.
184. Q is a French writer quoted by Peter De Vries in *Into Your Tent I'll Creep*, 1971.
187. LG as quoted by Liz Smith in her syndicated column, October 27, 1987.
188. Unknown, thanks to Robert G. Smith.
192. RLS, thanks to Susan Trott.
194. From the television show "All in the Family."
195. SV is a standup comedian.
198. ML as quoted by Jeanne Wearing on KPOF, Denver, October 1986.
199. MJF as quoted by Leah Garchick in *The San Francisco Chronicle*, January 27, 1988.
200. BC in *Love and Marriage*, 1989.
201. RD in *Rave*, November 1986.
205. WA in *The Lunatic's Tale*, 1986.
207. SJ as quoted by Herb Caen in *The San Francisco Chronicle*, February 3, 1986.
208. TG as quoted by Herb Caen in *The San Francisco Chronicle*, February 3, 1986.

212. HC in *The San Francisco Chronicle*, June 13, 1986.
227. GK in a lecture at College of Marin (Kentfield, California), January 12, 1989.
229. EP as quoted by Guy Trebay in *The Village Voice*, January 7, 1985.
234. CL is a standup comedian.
239. FO'C as quoted by Mark Childress in *The New York Times Book Review*, May 21, 1989.
242. BH on "The Tonight Show," January 2, 1987.
243. RR is a standup comedian.
247. Unknown, thanks to Henry Crossfield.
248. RS's grandfather as quoted in RS's *Yes, My Darling Daughter*, 1976.
250. PK as quoted by J. Bryan, III in *Hodgepodge Two*, Atheneum, 1989.
251. Unknown, as quoted by Herb Caen in *The San Francisco Chronicle*, December 22, 1987.
258. Tribesman quoted by Margaret Mead in *Male and Female*, 1949.
264. CL is a standup comedian.
265. MS is a standup comedian.
268. CC, thanks to Bill McCollough.
270. TE as quoted by D. Fischer in *Historians' Fallacies*, 1970.
271. JM in *The Rocky Mountain News*.
272. PP is a standup comedian.
273. Unknown, as quoted by Ray Orrock in *The Hayward Daily Review*, February 28, 1986.
276. BA as quoted by Herb Caen in *The San Francisco Chronicle*, May 6, 1986.
277. MD, thanks to John Grigsby.
281. BL is a sports columnist for the *Philadelphia Inquirer*.
283. BC as quoted by Rob Morse in *The San Francisco Examiner*, June 1, 1986.
289. Unknown, thanks to Lee Simon.
290. GS as quoted by Herb Caen, *The San Francisco Chronicle*, December 22, 1987.
292. From TA's 1975 movie *Lies My Father Told Me*.
299. RSW in *The San Francisco Chronicle*, June 5, 1986.
305. DD, thanks to Marty Indik.

306. DM as quoted in *The New York Times Book Review*, December 29, 1985.
308. CM in *The San Francisco Examiner*, July 20, 1986.
310. JM in *The San Francisco Chronicle*, November 30, 1988.
313. NWJ in a letter to RB.
317. GN in *The San Francisco Chronicle*, May 18, 1989.
318. OW in *People*, March 6, 1989.
319. RQ, Cyra McFadden's former stepfather, as quoted in her *Rain or Shine*, 1986.
320. AW, thanks to Robert G. Smith.
322. JH is a standup comedian.
323. JH, thanks to Marty Indik.
325. Tribesman quoted by Jared Diamond in *Discover*, May 1987.
328. AC is a standup comedian.
330. AWB is a standup comedian.
333. JL as quoted by Herb Caen in *The San Francisco Chronicle*, March 3, 1986.
334. SJ as quoted by Herb Caen in *The San Francisco Chronicle*, July 10, 1988.
342. MP as quoted in *Miss Piggy's Guide to Life*, as told to Henry Beard, 1981.
343. EL to RB.
344. MO'D as quoted by Paul Slansky in *Playboy*, 1989.
345. MB as quoted in *Playboy*, 1975.
346. JB as quoted by Edward S. Gifford, Jr., in *He's My Boy*, 1962.
347. Unknown, thanks to Jim Eason.
358. JKG in *Ambassador's Journal*, 1969.
359. RP in *L'Habit Vert*, 1912.
368. EP as quoted by Guy Trebay in *The Village Voice*, January 7, 1985.
369. On Cable News Network, April 26, 1988.
370. GV, thanks to Stefan D. Koch, who was his student at Temple University.
372. As quoted by Carlos Fuentes in *The New York Times Book Review*, April 6, 1986.
373. As quoted by Dale McFeathers of the Scripps Howard News Service.
376. Cartoon caption by JM in *The New Yorker*, April 3, 1989.

379. BM is a television newsman in Oakland, California.
382. JL as quoted in *Esquire*, December 1986.
383. HK as quoted in *The Miami Herald*, January 3, 1987.
386. JL as quoted in *Esquire*, December 1986.
387. GV, thanks to Bill Weiss.
388. PW-D to RB.
389. SG as quoted in *The Moguls* by Norman Zierold, 1969.
392. DB, thanks to Johnson Letellier.
393. MM as quoted by Herb Caen in *The San Francisco Chronicle*, January 1, 1985.
395. GE as quoted by Jake Curtis in *The San Francisco Chronicle*, August 31, 1987.
396. TB in his cartoon strip "Funky Winkerbean."
397. DJ as quoted in *Boring Stuff* by Alan Caruba.
398. SO in *The Los Angeles Times*, November 1988.
399. From a column by Art Rosenbaum in *The San Francisco Chronicle*, January 20, 1988.
403. LT on "The Tonight Show," January 1985.
406. I remember this pep yell from the 1950s.
408. HY as quoted by Milton Berle in *B.S. I Love You*, 1988.
409. Unknown, thanks to Jason Olive.
411. PC as quoted by Herb Caen in *The San Francisco Chronicle*, July 11, 1988.
414. LG, thanks to Susan Richman.
415. MCS to RB.
416. ID as quoted by Herb Caen in *The San Francisco Chronicle*, August 15, 1988.
418. ML in *Table Talk*.
424. HLM at the 1940 convention of the American Booksellers Association.
425. Unknown, as quoted by Milton Berle in *B.S. I Love You*, 1988.
426. AB in *The New York Times Book Review*, May 21, 1989.
428. LC in a letter to *The San Francisco Chronicle*, February 9, 1988.
432. HGW as quoted by Macdonald Carey in *The Writers Guild of America News*, May 1986.

433. JL, thanks to Karl Fulves.
435. Unknown, thanks to Karl Fulves.
437. RN in *People* reviewing a book by Judith Michael.
438. FK in a letter written when he was twenty.
439. GV as quoted by David Show in *The Los Angeles Times*, December 12, 1985.
441. BD in *Lothair*, 1870.
442. FN in *Beyond Good and Evil*.
443. JJR in *Emile*.
444. SB in *Note Books*.
445. HLM at the 1940 convention of the American Booksellers Association.
446. BGH on the television program "Bookmark," April 2, 1989.
447. LT on "The Donahue Show," February 12, 1988.
448. A line from the movie *When Harry Met Sally*, 1989, screenplay by NE.
450. BE in *Mother Jones*.
451. DR as quoted in *The National Enquirer*, January 17, 1987.
452. MM as quoted in *The New York Times Book Review*, September 27, 1987.
455. DR, thanks to Bob Cudmore.
457. Unknown, as quoted by Ray Orrock in *The Hayward Daily Review*.
460. SC as quoted by Milton Berle in *B.S. I Love You*, 1988.
463. GP, thanks to John Grigsby.
465. Unknown, thanks to Jim Eason.
468. JR as quoted in *Money* magazine, September 1986.
470. AR is a character in *Gorky Park* (1981) and *Polar Star* (1989), novels by Martin Cruz Smith published by Random House.
471. GK made the remark after being traded by the Green Bay Packers to the Miami Dolphins.
475. JC on his 25th Anniversary Show, September 25, 1986.
476. From a lecture by GK at College of Marin (Kentfield, California), January 12, 1989.
478. FL as quoted in *Rave*, November 1986.
481. YS as quoted in *Rave*, November 1986.
483. FZ in *Money* magazine, September 1986.

486. From JM's 1950 screenplay for *All About Eve*, a movie based on a short story by Mary Orr.

490. As quoted by Joseph Gallagher in *The Baltimore Sun*, October 12, 1988.

495. Graffito, thanks to Stefan D. Koch.

497. H as quoted by John Toland in *The Rising Sun*; thanks to Robert Gordon.

498. GK, thanks to Bob Lee.

502. JM quoted in *The New Yorker*, April 17, 1989.

503. MP, thanks to Jim Eason.

504. SB as quoted by Herb Caen in *The San Francisco Chronicle*, April 9, 1989.

505. TM as quoted by Herb Caen in *The San Francisco Chronicle*, January 6, 1986.

510. ED is a standup comedian.

520. EL in *Glitz*.

522. Unknown, thanks to Stefan D. Koch.

524. KM, thanks to Jason Olive.

526. LD as quoted in *The San Francisco Chronicle*, July 27, 1989.

529. YB as quoted by George Will in *Newsweek*, April 14, 1986.

531. FA as quoted by J. Bryan, III in *Merry Gentlemen (and One Lady)*, 1985.

532. Unknown, thanks to Susan Richman.

534. Screenplay by Truman Capote and John Huston.

537. JJ is a horse trainer quoted by William Murray in *When the Fat Man Sings*, 1987.

540. Chinese proverb thanks to Michele Plunkett.

542. Screenplay by Truman Capote and John Huston.

545. GB shot down twenty-four Japanese planes in WWII.

546. DF as quoted by Herb Caen in *The San Francisco Chronicle*, December 6, 1987.

548. LV as quoted in *Forbes*, April 17, 1987.

549. GO as quoted by Alexander Bloom in *Prodigal Sons*, Oxford University Press, 1986.

550. CT in *The New Yorker*, May 15, 1989.

552. JN, thanks to Johnson Letellier.

554. LS, thanks to Kris Chotzinoff.

555. PC, from his novel *Prince of Tides*, 1986.

557. MK as quoted in *Perfect Pitch* by Nicolas Slonimsky, 1988.
559. JG, thanks to Susan Richman.
562. HC, thanks to John Grigsby.
563. JB as quoted by Herb Caen in *The San Francisco Chronicle*, August 9, 1988.
567. P, thanks to Bill McCollough.
569. DA in a letter to RB.
581. RF as quoted by Charles Roos in *The Rocky Mountain News*, September 26, 1986.
582. Unknown, thanks to Jason Olive.
587. Screenwriter: Alvin Sargent. Thanks to Jack Mingo.
591. Unknown, thanks to Jason Olive.
595. PJO'R in *Modern Manners*, 1988.
596. TR as quoted in *The San Francisco Examiner*, September 28, 1987. Thanks to Michael O. Stearns.
600. GS, thanks to Blair Chotzinoff.
611. From a ''Peanuts'' comic strip, March 28, 1989.
612. GR on ''Saturday Night Live.''
617. RR is a standup comedian.
621. The quote is sometimes credited to the late film star Alan Ladd.
622. DB as quoted by Herb Caen in *The San Francisco Chronicle*, April 22, 1986.
625. E in *In Praise of Folly*.

Index of Authors

c��◯H�’ᲡᲜ

Index of Subjects and Key Words

⌘

About the Author

After the publication of his previous book of quotations, Robert Byrne was jailed for petty theft (he argued for grand theft) and is serving a sentence of 637 days at a Hallmark card store in Vermin, Utah. "Till now," he postcards lamely, "sentences had always served *me*." The author of sixteen books, he is presently working on alibis.

COLLECTION FOLIO

La Châtelaine
de Vergy

ÉDITION BILINGUE
présentée et commentée
par Jean Dufournet
et Liliane Dulac

DISCARDED

Gallimard

© *Éditions Gallimard, 1994.*

Éprise = éprendre = to fall in love w/.
avouer =

ainsi = as well as

jurer = swear

PRÉFACE

> On rêverait d'une obscurité qui fût par-delà les clartés.
>
> (Jean Rostand)

L'auteur veut enseigner par un exemple que la discrétion est une des plus grandes qualités de l'amant. À la cour de Bourgogne, la dame de Vergy a accordé son amour à un chevalier à la condition expresse que leur liaison demeurât cachée, et ils sont convenus que, toutes les fois que l'ami verrait son petit chien dans le verger, il pourrait la retrouver seule. Mais la duchesse de Bourgogne s'était éprise du chevalier et elle lui avoua un jour son amour. Repoussée, elle l'accusa auprès du duc de lui avoir fait des avances. Menacé d'être chassé du pays et d'être ainsi séparé de son amie, le chevalier confesse au duc, après lui avoir fait jurer de garder le secret, qu'il aime la dame de Vergy et qu'il la retrouve grâce au manège du petit chien. Le soir même, le duc, qui a suivi son vassal, constate qu'il a dit la vérité; aussi, le lendemain, lui prodigue-t-il de grandes marques d'amitié, et suscite-t-il la colère de sa femme qui, feignant d'être malade, lui arrache la vérité tout en promettant de garder le silence. Mais, ulcérée d'avoir été dédaignée, elle décide de se venger. Le jour de la Pentecôte, à l'occasion d'une fête, elle lance une allusion méchante à la châtelaine de Vergy

7

sur son habileté à bien dresser son petit chien. Celle-ci se désespère en un long monologue et meurt de douleur. Le chevalier, qui la retrouve inanimée et reçoit les confidences d'une jeune fille, se transperce le cœur de son épée. Le duc, découvrant les deux cadavres, frappe sa femme d'un coup mortel et devient templier.

Ce court récit de 958 octosyllabes, que certains manuscrits désignent comme un conte ou un roman et les commentateurs modernes comme une nouvelle[1], date, semble-t-il, du milieu du XIIIe siècle. Il n'est pas possible d'en localiser l'origine et nous en ignorons l'auteur. Pourtant son succès a été considérable, ainsi qu'en témoignent la vingtaine de copies des XIIIe-XVe siècles qui nous sont parvenues et aussi des traductions, une version en prose de la fin du XVe siècle, puis, à partir du XVIe siècle et pendant trois siècles, toute une postérité où la fable se trouve plus ou moins altérée. Parmi ces transpositions, la plus connue est la soixante-dixième nouvelle de l'Heptaméron de Marguerite de Navarre[2]. À ces textes il faut ajouter les représentations picturales et les objets qui attestent la popularité, sinon toujours de l'œuvre originelle, du moins de la fable[3]. Tout aussi remarquable est l'abondance des études modernes et des débats qu'elles poursuivent, comme si la relation très dynamique que le conte a entretenue avec ses lecteurs s'étendait aux érudits. Car leurs commentaires divergent souvent sur des points impor-

1. Voir l'art. de Jean Frappier dans *Études d'histoire et de critique littéraires*, Paris, Champion, 1976, pp. 402-403.
2. On trouvera ce texte dans notre dossier en fin de volume, pp. 113-139.
3. Cf. l'art. cité de Jean Frappier.

tants, tels que la vraisemblance du récit ou le jugement
porté sur les protagonistes : situation étonnante pour
une œuvre aussi brève et aussi limpide.

I

À première vue, la matière narrative de La Châtelaine de Vergy est peu originale, puisqu'on y trouve
rassemblés des thèmes plusieurs fois utilisés auparavant, notamment dans Lanval de Marie de France[4], et
dans deux autres lais anonymes, Graelent et Guingamor[5]. Ainsi le couvenant (contrat) du secret absolu,
exigé par la châtelaine sans motif explicite, rappelle-t-il
la condition qu'une fée impose dans ces lais à un jeune
chevalier, comme on retrouve dans ces œuvres le thème
de la femme de Putiphar[6] : les fausses accusations
d'une grande dame conduisent le héros à rompre son
serment pour se défendre. Plusieurs épisodes de La
Châtelaine de Vergy peuvent également être mis en
parallèle avec les motifs similaires des romans de
Tristan : la longue plainte de la dame qui se croit trahie
par son ami et meurt de désespoir évoque la fin
d'Iseut ; ou encore le duc de Bourgogne se cache
derrière un arbre pour assister au rendez-vous des deux
amants, comme le roi Marc se dissimule dans un arbre

4. À lire dans l'édition de Jean Rychner, Paris, Champion, 1966, et dans les
traductions de Pierre Jonin, Paris, Champion, 1972, et de Laurence Harf-
Lancner, Paris, Le Livre de poche (« Lettres gothiques »), 1990.
5. À lire dans l'édition de Miss Tobin, Genève, Droz, 1976, et dans la
traduction d'Alexandre Micha, Paris, Flammarion (GF), 1992.
6. Pour la plupart des points évoqués, se reporter aux notes.

9

pour épier Tristan et Iseut. Quant au suicide de l'amant, il fait penser à celui de Piramus après la mort supposée de Thisbé.

Ce sont d'ailleurs des motifs assez répandus qui se prêteraient à d'autres rapprochements. En fait, les traits hérités de la matière celtique et de la tradition courtoise sont nombreux à tous les niveaux du récit, au point qu'on ne peut parler d'imitation ni même d'emprunts, s'agissant du trésor commun où puisent les fictions romanesques contemporaines, car tous ces éléments sont retravaillés et réinterprétés selon les exigences propres du conte. Il n'est pas jusqu'au petit chien, messager discret de la châtelaine, qui n'ait ses précédents littéraires, tel Petitcrû, le chien d'Iseut, voire Husdent qui a été dressé à chasser sans aboyer. Mais, dans notre récit, cet animal a une fonction précise et nécessaire qui donne une certaine vraisemblance au secret absolu protégeant des amours sans confident ni complice. Il en constitue même un détail symbolique qu'on n'a eu garde d'oublier dans les versions ultérieures de la fable.

L'arrière-plan littéraire est nécessairement évoqué par la seule lecture du conte qui joue, parfois ouvertement, de ses rapports à d'autres textes. Ainsi l'angoisse du héros menacé, quoi qu'il fasse, de perdre son amie amène-t-elle le narrateur à citer une strophe du Châtelain de Coucy (vers 295-302). À l'approche du dénouement, c'est la châtelaine elle-même qui se souvient qu'elle a cru son ami « plus loiaus... que ne fu Tristans » (vers 758-760). Ces relations d'intertextualité et d'autres, implicites, auxquelles le public contemporain, plus que nous, pouvait être sensible, sont à coup

10

sûr une des dimensions du texte, capable d'amplifier la résonance de certains traits ou d'en orienter la réception par référence inconsciente à des conventions admises par tous. Rappelons seulement avec quelle facilité la scène d'amour entre le chevalier et son amie suffit à bannir tout soupçon chez le duc qui y assiste caché : la figure de l'amant accompli est ici trop bien identifiée pour ne pas constituer par elle-même une preuve qui anéantit l'accusation d'avoir pu convoiter une autre femme et justifie l'absolue confiance que lui témoignera le duc : attitude dont la vraisemblance est à l'évidence purement littéraire.

II

Le contexte de référence principal est constitué par la fine amor des chansons et romans courtois : c'est ce sentiment parfait que la châtelaine évoquera plusieurs fois avant de mourir, désespérée que son ami s'en soit montré indigne, au point qu'on a pu voir[7] dans le conte une chanson « mise en récit », sur le motif indiqué par la strophe du Châtelain de Coucy : le mortel regret d'un amour brisé. Il s'agit d'un amour placé hors de toute morale vulgaire, source d'un bonheur ineffable, à la fois sensuel et spirituel, que l'amant se doit de protéger par sa discrétion. Ce thème fondamental est traité avec une sorte d'ascèse qui n'en retient que l'essentiel — ce qui tend à exalter une forme de

---

7. Paul Zumthor, « De la chanson au récit : *La Chastelaine de Vergi* », dans *Langue, texte, énigme*, Paris, Le Seuil, 1975, pp. 219-239.

bonheur intime, déjà acquis au départ du récit et comme immobile, sans autre contenu que l'échange des sentiments. Rien ne subsiste du merveilleux ni des aventures qui caractérisent les récits courtois du siècle précédent. Dans cette œuvre sans qualificatifs ni figures ornementales ni débats allégoriques, d'autres absences sont plus remarquables : la femme aimée n'est plus glorifiée pour sa beauté, et, bien qu'il ne s'agisse nullement d'un amour platonique, son aspect physique n'est même pas évoqué. Elle n'est plus un objet d'adoration, une idole : les amants font jeu égal, chacun célébrant en l'autre la raison unique de sa joie. L'évocation du bonheur d'aimer et l'ensemble de la matière narrative se trouvent ainsi épurés jusqu'à la plus extrême simplicité, jusqu'à l'abstraction, dans une sorte de rationalisme courtois. Sans doute est-ce là une des causes d'une certaine plasticité de l'œuvre qui a pu être lue, appréciée et interprétée par des publics très différents. Encore a-t-il fallu que ce dépouillement ne fût pas synonyme de pauvreté, mais stimulât au contraire la production de sens et le plaisir de l'imagination romanesque.

Si clair qu'il paraisse, le conte laisse une part à l'interprétation, il suscite questions et commentaires, comme s'il devait être achevé par quelque glose, malgré la clôture ostentatoire du texte opérée par le préambule et la conclusion en forme de moralité : à la mise en garde initiale concernant « une maniere de gent... qui d'estre loial samblant font » et colportent les secrets d'amour qu'on leur confie pour s'en moquer, répond le conseil de « s'amor celer par... grant sen », par crainte « des faus felons enquereors qui enquierent autrui amors ». Cependant, c'est précisément cette explication du sens supposé de l'œuvre qui fait dès l'abord problème, car de tels conseils n'ont qu'un rapport indirect avec le malheur de l'amant qui ne livre son secret que sous la contrainte et se trouve victime, avec son amie, d'une vengeance qui va bien au-delà des moqueries. En fait, la leçon ainsi affichée fait l'effet d'un trompe-l'œil qui intrigue, elle donne à l'histoire l'apparence conventionnelle d'un exemplum, tout en étant si ostensiblement banale et désaccordée au récit qu'on ne peut que chercher ailleurs, dans le vaste champ des valeurs implicites, une signification problématique.

III

Avant d'écarter comme une sorte d'élément postiche, ou peu s'en faut, la moralité du conte, il n'est pas sans intérêt d'y reconnaître la configuration à quatre personnages sur laquelle il est construit : d'une part les vrais amants, de l'autre ceux qui font leur malheur, le duc qui paraît loyal mais trahit le secret qu'on lui a confié, la duchesse à l'affût des amours d'autrui afin de leur nuire. Ainsi introduite sous une forme stéréotypée, cette opposition, traditionnelle dans la poésie amoureuse, a surtout pour effet de référer le récit aux représentations de la vie de cour. Les personnages ne sont d'ailleurs pas autrement présentés : aucun portrait, ni physique ni moral, ne vient en préciser l'image. Du chevalier, par exemple, nous apprenons seulement qu'il est, comme il se doit, beau, « preu et hardi ». Leur

13

figure véritable reste à construire à partir des actions et des paroles qui les donnent à imaginer et suffiront à caractériser des personnalités plus complexes que leurs rôles conventionnels.

La duchesse elle-même, qui incarne la perfidie, est loin d'être sommairement dessinée. Passionnée de vengeance pour avoir été repoussée, elle garde en toute occasion la tête froide, sait calculer ses actes et laisser mûrir les occasions pour n'agir qu'à coup sûr ; elle use d'un langage remarquablement maîtrisé, qu'il s'agisse de couvrir sa retraite après la rebuffade du chevalier, d'amener son mari à rompre son serment ou d'enrober d'une élégance enjouée le mot qui frappera la châtelaine. Le duc, lui, bien qu'il évoque par son action le rôle traditionnel de l'ami déloyal, est doté de nobles motivations : son honneur de mari et de suzerain, l'amour qu'il porte à sa femme, sa volonté d'équité. Il n'éprouve que des sentiments honorables : ulcéré par la trahison supposée de son vassal à qui il porte une véritable amitié, il se montre capable de dominer sa colère pour le comprendre, il se réjouit de le découvrir innocent et lui restitue alors sa confiance entière. À ces qualités de cœur se mêlent pourtant une certaine frivolité (il se fait un jeu d'épier les amours du chevalier) et surtout une faiblesse qui le rend incapable de tenir le rôle de protecteur de la justice auquel il prétend.

Les deux amants ont des caractères plus simples : ils sont tout à leur passion. Un de leurs traits communs est de paraître détachés de la vie sociale, bien qu'ils fréquentent tous deux la cour, et incapables de se défendre contre les dangers qu'ils y courent : le chevalier ne remarque pas les avances de la duchesse, et lorsqu'elle se déclare presque ouvertement, sa réponse maladroite aggrave les effets de son refus. Par la suite, il ne pourra rien tenter pour échapper à ses menées : les larmes qui baignent son visage, quand le duc le met en demeure de lui révéler qui il aime, marquent, autant que la sensibilité d'un cœur épris et désespéré, la totale impuissance qui sera toujours la sienne.

La châtelaine, plus nettement encore, est un être hors du monde. Sa demeure et le verger où l'attend son amant sont des lieux réservés à l'amour ; on n'y voit ni confident ni serviteur ni mari : est-elle même mariée, comme le voudrait la tradition courtoise, puisque la seule allusion à son seigneur (vers 714) a pu paraître ambiguë[8] ? Malgré le pacte de discrétion qu'elle a imposé à son ami et le manège du petit chien, messager et signal de leurs rencontres, on ne lui voit pas non plus de conscience des dangers qui l'entourent. Son personnage, tel qu'il se dessine d'abord dans les pensées et les propos de son amant, puis dans ses propres paroles de tendresse, paraît n'être qu'une pure incarnation de la fine amor, sans autre substance que le sentiment. Pourtant, grâce au long monologue final qui exprime avec beaucoup d'art une souffrance mortelle, d'autant plus pathétique que la châtelaine est le seul personnage vraiment innocent, elle n'est pas cantonnée au rôle de figure idéale. À sa douloureuse nostalgie du bonheur et du rêve brisés se mêlent des accents chrétiens, l'appel à la grâce divine qui lui permettra de s'échapper de cette vie et aussi le pardon accordé à son ami. Après n'avoir

8. Voir note du vers 714, et Paul Zumthor, *art. cit.*, p. 223.

eu, au cours des deux premiers tiers du récit, qu'une présence le plus souvent indirecte, objet des pensées de son amant et, rarement, sujet du discours, elle devient la véritable héroïne du conte, tandis que s'efface très vite la figure du chevalier, lors d'un dénouement rapide qui laisse peu de place aux effusions. Ce renversement de perspective et ces changements de rythme ont pour conséquence d'installer toujours au premier plan le personnage le plus pathétique, en donnant un vigoureux relief à certaines scènes dans lesquelles la durée se dilate au point d'être presque immobile. La tonalité tragique du conte s'en trouve fortement accentuée.

Ces subtilités de narration ont fait douter, à l'analyse, de la cohérence du personnage de la châtelaine[9]. Comment se peut-il, a-t-on remarqué, qu'elle croie d'emblée à la trahison de son ami et tombe naïvement dans le premier piège qui lui est tendu, alors qu'elle semble, au départ de l'histoire, en garde contre les malintentionnés ? Autre invraisemblance possible : le contraste entre l'amour désarmé et résigné qu'elle exprime dans le monologue final et le pacte inflexible imposé à son amant. On a vu également une contradiction entre la tendresse profonde du chevalier et la dissimulation dont il use avec son amie : pourquoi lui cacher la situation inextricable où le placent les accusations de la duchesse et les ordres de son seigneur[10] ? La pertinence de ces remarques a été discutée, et elle est en

9. Se reporter en particulier aux remarques de Frederic Whitehead, éd. de *La Chastelaine de Vergi*, Manchester University Press, 1944.

10. Emilie P. Kostoroski, « Quest and Query in the *Chastelaine de Vergi* », *Medievalia et Humanistica*, N.S., n° 3, 1972, pp. 179-198.

effet contestable. Il faut noter que, parmi les données initiales du récit, le serment de discrétion absolue requis du chevalier est présenté, de la même manière que dans les lais, sans justification ni commentaire, si bien qu'il apparaît comme une épreuve ou un gage d'amour plutôt que comme une précaution[11]. L'exigence sans concession qu'exprime ce pacte n'est-elle pas une sorte de symbole d'un sentiment parfait ? De ce point de vue on comprend le silence que garde le chevalier sur la révélation qu'il a dû faire au duc et l'interprétation que donnera aussitôt la châtelaine de la divulgation de leur secret. L'engagement qui lie son ami se situe hors de toute considération pratique ; il ne marque ni prudence ni dureté — la psychologie a peu à faire ici — mais signifie seulement que l'amour tel qu'il est rêvé par la châtelaine ne peut exister que dans un lieu retiré de la cour, l'équivalent terrestre du monde merveilleux où Lanval et Guingamor choisissent de suivre la fée. Juger que le chevalier devrait consulter son amie sur le péril où ils se trouvent, ou qu'elle-même devrait enquêter avant de conclure à une trahison, c'est vouloir rabaisser un trait symbolique au niveau de la condition ordinaire des affaires humaines et relativiser un impératif qui n'a de sens que parce qu'il est absolu. Les invraisemblances qu'on croit relever dans les actions des deux amants sont donc l'effet d'un parti pris psychologisant ou d'une interprétation exagérément réaliste.

Ces discussions sur de prétendues contradictions du

---

11. Le culte de la dame implique l'exclusion de l'autre, l'impératif catégorique du secret, car il ne faut pas profaner une chose aussi sainte.

conte sont symptomatiques de sa capacité à produire, dans son ensemble, une impression de vérité : de telles questions se poseraient-elles autrement ? On en trouverait une confirmation dans l'explication historique, aujourd'hui abandonnée, qui a été elle aussi longuement débattue : les premiers éditeurs modernes avaient voulu reconnaître dans la Châtelaine une histoire vraie survenue à la cour de Bourgogne[12], un roman à clefs, malgré l'absence d'indices concluants. Tout comme une certaine latitude que le conte laisse à l'interprétation, cet effet de réel, dont témoignent jusqu'aux faux problèmes posés par la critique, tient surtout aux modalités du récit, d'une remarquable efficacité sous son apparente simplicité.

IV

On ne peut que noter la place occupée par le discours direct, sous forme de monologues ou de dialogues : au total, près de la moitié du texte. L'histoire progresse pour l'essentiel grâce à une succession de scènes qui réunissent la duchesse et le chevalier, la duchesse et le duc, le duc et le chevalier (tout un épisode dialogué entrecoupé de passages narratifs avec, en son centre, la rencontre nocturne des amants) avant que n'intervienne beaucoup plus tard le rapide échange entre la duchesse et la châtelaine qui provoque la catastrophe finale. Dans un récit qui porte au premier plan des événements constitués de paroles — la triple révélation

12. Voir la note du vers 20.

18

du secret des amants — l'action est moins racontée que représentée sous cette forme discursive. Les personnages qui parlent le plus durant ces scènes sont ceux qui en dirigent le cours, la duchesse et le duc, qui seuls agissent et imposent leur volonté. L'unique conversation de la châtelaine et du chevalier marque au contraire une suspension provisoire de l'action, un affaiblissement momentané et trompeur de la tension dramatique. Quand l'essentiel est consommé dans le dernier quart de l'œuvre, le dialogue disparaît.

La narration n'a plus qu'une place effacée, le plus souvent en retrait par rapport aux discours, et la personne du conteur en est absente. De brefs passages de récit relient les scènes entre elles, tandis que les plus longs apportent un commentaire en contrepoint expliquant les pensées et les sentiments des personnages. L'un des plus étendus, qui évoque le bonheur des amants réunis et la perpétuelle insatisfaction de l'amour, fait place plusieurs fois à une sorte de discours indirect libre :

Quant li dus vit clorre l'uisset,
Tantost a la voie se met,
Tant que le chevalier ataint
Qui a soi meïsme se plaint
De la nuit : si comme il a dit,
Trop li avoit duré petit.
Et tel penssee et autels diz
Ot cele dont il ert partiz,
A cui il samble por la nuit
Que failli ait a son deduit,
Ne du jor ne se loe point.

Li chevaliers ert en tel point
Et de penssee et de parole,
Quant li dus l'ataint...[13]

Au cours de cette scène racontée, le point de vue est alternativement celui des amants et celui du duc qui les épie ; la perspective est toujours limitée à l'instant présent, aux gestes et aux dispositions actuels des personnages. C'est un trait constant du conte : jamais ne s'instaure le recul nécessaire à une interprétation, qui supposerait la mise en relation d'instants et d'actions éloignés, si bien que la seule appréciation raisonnée sur l'ensemble de l'histoire reste celle, très sommaire, que propose la moralité.

Ces modalités du récit ont à la lecture des conséquences importantes. La prédominance d'une représentation directe des moments essentiels, qui se confondent avec les discours mêmes des personnages sans que s'interpose une traduction narrative, actualise les événements en produisant une impression de vérité. Les contradictions logiques que l'analyse pourrait déceler entre les informations apportées au fil du texte (par exemple, à propos de l'attitude de la châtelaine) n'ont aucune réalité dans son fonctionnement, puisque rien n'est perçu hors de la scène présente. Pour les mêmes raisons, la signification du conte reste ouverte, faute

13. Vers 477-490 : « Dès que le duc a vu la porte se fermer, il se met aussitôt en route et rejoint le chevalier qui se désole en lui-même : comme il l'a déjà dit, la nuit lui a paru trop courte. C'étaient aussi les pensées et les propos de celle qu'il venait de quitter : il lui semble que la nuit n'a pas comblé tous ses désirs, et elle ne se réjouit pas de voir le jour. Voilà ce que pensait et se disait le chevalier, lorsque le duc le rejoignit... »

d'une synthèse interprétative qui s'impose au lecteur.

Il existe pourtant dans l'œuvre quelques passages exceptionnels où se dessine une plus vaste perspective. Ce sont, outre le monologue qui précède la mort de la dame de Vergy, l'évocation des pensées qu'agite le chevalier sur le point de quitter son amie et la strophe du châtelain de Coucy[14] qui amplifie le tourment de l'amant menacé d'être définitivement séparé de celle qu'il aime. Bien qu'insérés dans la trame des événements, ces épisodes développent sur un mode lyrique des thèmes qui se font écho à travers l'œuvre et participent d'une signification commune : le bonheur incomparable qu'apporte le parfait amour, mais aussi l'insatisfaction qui l'accompagne et le désespoir dont ne préservent pas les apparences les plus rassurantes. La déploration finale de la châtelaine approfondit ce qu'exprimaient déjà, sur le bonheur et le malheur d'aimer, les réflexions douloureuses et tendres de son ami. Lorsque l'héroïne revient sur sa vie pour mesurer la perte du seul bien qui lui donnait un sens, cet aboutissement de l'œuvre constitue en outre la pointe ultime qui en résume la signification principale : la ruine d'un idéal qui paraît soudain illusoire. Bien que fondée sur une méprise (la dame croit que le chevalier l'a trahie pour la duchesse), l'effusion lyrique tend ainsi à prendre une valeur générale qui n'est que suggérée, puisque aucune traduction moralisante ne la prolonge.

14. Voir la note du vers 295.

Si le dénouement de l'histoire doit au lyrisme qui précède la mort des amants son intensité pathétique, il tient son caractère véritablement tragique d'une autre dimension du texte qui dépasse les personnages : à partir des données initiales du conte (le couvenant, la haine de la duchesse...), un enchaînement [15] *les entraîne sans qu'aucun d'eux en ait véritablement la maîtrise ni la pleine conscience. La duchesse elle-même peut bien vouloir et conduire sa vengeance, l'événement qui causera sa propre perte va au-delà de son projet, de sa passion et de ses ruses : la signification n'en est pas psychologique. La nécessité qui gouverne l'action est fortement marquée dans chacun des dialogues décisifs : l'un des personnages affrontés est toujours déterminé par un motif simple et puissant, tandis que l'autre n'est pas en position de résister ni d'opérer un véritable choix. Ainsi lorsque à la suite des accusations de sa femme le duc veut tirer l'affaire au clair, le chevalier est placé devant une contradiction absolue, puisque son devoir de vassal, renforcé par le serment qu'il vient de prêter sans en mesurer la portée, est tout aussi rigoureux que le couvenant qui le lie à son amie. Mais quand le duc lui promet le silence au nom même du lien féodal* [16], *la révélation qu'il fait de son amour n'est*

15. On pourrait parler d'un enchaînement rigoureux d'actes libres dont aucun n'est accompli par mégarde ; cf. André Maraud, « Le Lai de *Lanval* et *La Chastelaine de Vergi* : la structure narrative », *Romania*, t. 93, 1972, p. 456.

16. Vers 334-335 : *Et sor l'amor et sor la foi / Que je vous doi sor vostre hommage*, « sur l'amitié et la fidélité que je vous dois comme à mon vassal ».

que l'effet inévitable de la situation créée par ce nouvel engagement. Il en sera de même lorsque le duc sera mis en demeure par sa femme de lui révéler le secret du chevalier : la duchesse l'exige au nom d'un devoir que le duc ne peut récuser, celui de faire entière confiance à sa femme qu'il aime. Là encore c'est une logique objective qui l'emporte, amenant un nouveau serment suivi d'une nouvelle trahison. Chacune de ces scènes modifie la situation d'une manière qui détermine obligatoirement la suite. Les personnages qui en ont l'initiative, la duchesse, le duc, puis encore la duchesse, confrontés à ce qui est pour eux inacceptable, sont hors d'état d'agir autrement qu'ils ne font et n'ont en fait pas plus de liberté d'action que ceux qui seront leurs victimes. Ce dispositif donne très fortement l'impression d'un mouvement inéluctable qui transcende les volontés individuelles, si bien qu'au cœur du récit la rencontre des amants qui convainc le duc et leur assure sa protection a tous les caractères de l'ironie tragique. C'est alors, dans ce moment d'apaisement, que se mettent en place les ressorts de la catastrophe.

VI

Le malheur des amants est scellé par l'irruption dans leur univers secret de ce qui leur est étranger : les valeurs, les règles et les pratiques de la cour expliquent la haine de la duchesse, aussi bien que les soupçons, les menaces et les promesses du duc. La duchesse aime en dame de haut rang, elle rêve d'un amant qui s'élèverait grâce à elle comme dans les récits courtois. Quant au duc, il agit en grand seigneur tout-puissant, seul maître du sort de son vassal qu'il peut bannir ou même faire mettre à mort. Ses accusations, comme celles de la duchesse, se fondent sur des vraisemblances qui sont celles de la cour : leur entourage s'étonne que le chevalier se comporte en homme qui souhaite plaire à une femme, alors qu'on ne lui connaît pas d'amie. La réalité complexe et dangereuse de cette société, aussi bien caractérisée, constitue l'écueil sur lequel va se briser l'idéal amoureux que les amants ont cru pouvoir en abstraire.

Cependant les effets destructeurs de ce heurt sont à double sens : la mort sociale que choisit le duc en quittant la cour pour devenir templier symbolise un autre versant de l'histoire, dont la signification n'est pas moins négative. Car cet aspect du dénouement est précédé d'épisodes qui offrent une image dégradée des plus hautes valeurs que représentait le duc. Chargé d'un devoir de justice et de protection envers ses vassaux, il permet le triomphe de la perfidie, trahit l'engagement pris au nom de l'hommage féodal et provoque la mort des amants qu'il a voulu protéger. Sur le plan privé, l'amour noble et confiant qu'il porte à la duchesse n'a pour résultat que de le rendre dupe. Ainsi rien ne subsiste de ce qui pourrait donner un sens à la vie : l'idéal hors du monde de la fine amor s'évanouit au moindre contact étranger, tandis que la vie sociale alentour ne semble offrir aucun principe qui ne soit trompeur. Le secret devient une utopie qui s'oppose aux institutions sociales. Garder le secret, c'est se protéger du monde social opposant. Or celui-ci l'emporte : le chevalier trahit le secret pour ne pas être

24

banni ; sa vraie place est au château du duc ; la cour empiète sur le verger, puisque le duc assiste au rendez-vous. La fine amor, qui n'échappe pas au temps, ne peut être vécue, détruite par les contraintes de la réalité sociale : on ne peut vivre hors du monde.

Ce nihilisme implicite, et sans doute involontaire, du conte se traduit par le renversement de toute maxime. Faire confiance, quand on aime ? Mais toute confiance est déçue. Subordonner l'amour au lien vassalique, comme le chevalier qui y est contraint, ou le devoir féodal à l'amour, comme le duc ? Mais dans les deux cas ce n'est qu'une forme de trahison aux conséquences désastreuses.

Entre la vie de cour et la fine amor que le conte oppose dès le départ, il existe pourtant un élément qui, dans le récit, pourrait participer des deux univers, et qui en fait souligne leur incompatibilité de manière nette. Lorsque la duchesse, au cours de sa tentative de séduction, conseille au chevalier « d'avoir amie en haut lieu » pour acquérir honneur et profit, pour s'élever au-dessus de sa condition en méritant les faveurs d'une très noble dame, elle fait appel à une conception de l'amour courtois : les compagnons du roi Arthur ne la dédaignaient pas. La perspective ainsi proposée est, à l'évidence, bien admise dans la société du temps et conforme aux usages de la cour. C'est parce qu'elle constitue un modèle de référence que la duchesse se sentira outragée en apprenant que le chevalier aime une femme d'un rang inférieur au sien. Pour la même raison, la châtelaine sera persuadée que son ami a changé à son égard, alors qu'elle n'avait jamais pu imaginer qu'il pût la délaisser « por duchoise ne por roïne » *(vers 796). Dans sa forme classique, l'idée de l'amour « en haut lieu », qui confond progrès moral et élévation sociale, est conforme aux vues de la haute aristocratie qui prétend réunir naturellement les deux formes de supériorité. Ainsi se trouve proposée aux pauvres chevaliers une voie qui leur permet, fictivement, de se rapprocher d'elle. En compensation d'une « stratification[17] » croissante de la classe féodale, ses couches inférieures se voient offrir ce rêve d'ascension dans un monde où l'amour et la prouesse peuvent effacer les barrières.*

La Châtelaine de Vergy présente du thème une version à la fois banale et avilie qui apparente cet aspect du récit aux fabliaux : le rôle de la duchesse n'est pas dépourvu d'un certain comique quand, rebutée, elle traite le chevalier de dans musars, « pauvre nigaud », *ou bien quand elle compte sur les plaisirs du lit conjugal pour plier le duc à sa volonté. Ainsi déconsidéré parce qu'il apparaît comme l'instrument d'une passion sans noblesse, « l'amour en haut lieu » est en outre identifié à l'infidélité et à la félonie. Le parfait amant qu'est le chevalier est d'autant plus éloigné de céder à ses attraits qu'il ne montre aucun désir de s'élever dans le monde et n'aspire à aucune prouesse qui le distinguerait. Un tel dédain, implicite, constitue une sorte de retraite morale qui seule permet l'épanouissement de la* fine amor *et le bonheur des amants.*

---

17. C'est le terme de Pál Lakits, *La Châtelaine de Vergy et l'évolution de la nouvelle courtoise,* Debrecen, 1966 (*Studia romanica,* II), pp. 43-46.

Parce qu'il est clairement opposé à une forme d'amour qui pourrait symboliser une pleine intégration à la vie de cour, le bonheur qui unit la châtelaine et le chevalier fait figure de refuge, avant d'apparaître comme une incertaine et illusoire utopie. Il ne dissimule qu'à demi l'aveu de faiblesse d'une petite noblesse au bas de la hiérarchie féodale, qui place son idéal à l'écart du jeu social, car elle a renoncé à toute ambition, même au rêve. Cependant, le pessimisme de l'œuvre, même s'il a cette signification historique, a pour contrepartie l'exaltation de la joie d'aimer dans la pure intimité des cœurs et hors de toutes les contingences mondaines, joie trop rare et trop intense pour n'être pas condamnée par le cours ordinaire des choses. La fortune du conte a prouvé combien ce contraste tragique, cette fragilité pathétique étaient facilement transposables [18].

Jean Dufournet
et Liliane Dulac

18. Il nous est agréable de remercier les amis qui ont aidé à la dactylographie de cet ouvrage : Élisabeth Gaucher, Jean-Marc Fustier, Claude Lachet, Michel Rousse et Pierre Servet.

PRINCIPES D'ÉDITION

I

La Châtelaine de Vergy nous a été conservée par vingt manuscrits dont on trouvera une bonne présentation dans les travaux de René E.V. Stuip (1970) et de Leigh A. Arrathoon (1975 et 1984)[1].

À nos yeux, le manuscrit C demeure le meilleur malgré trois lacunes (v. 211-216 ; suite du v. 331 ; v. 517-518), et nous avons choisi de le reproduire une nouvelle fois, bien qu'il ait servi de base à la plupart des éditions antérieures (Raynaud-Foulet, Bédier, White-head, Pellegrin, Henry, Arrathoon...). Ce choix se justifie de deux manières : d'une part, René E.V. Stuip a choisi dans ses deux éditions le ms. A (Paris, Bibliothèque nationale, fonds français 375 f. 331v°-333v°, datant des années 1300) et il a donné, dans son ouvrage de 1970, une fort précieuse édition diplomatique de neuf autres manuscrits ; d'autre part, Leigh A. Arrathoon, dans une édition très soignée, a apporté au ms. C de nombreuses corrections à partir des manuscrits A, E (Paris, Bibliothèque nationale, fonds français 2136, f. 139r°-152v°, datant du début du XIVe siècle) et Go (Paris, Bibliothèque nationale, n.a.fr. 13521, f. 398v°-403v°, de la fin du XIIIe siècle). Fidèles à l'enseignement de J. Bédier, M. Roques et F. Lecoy, nous avons reproduit scrupuleusement le ms. C, sauf en quelques rares cas où la leçon est manifestement erronée. Nous avons indiqué en bas de page les leçons que nous n'avons pas conservées.

1. Voir la bibliographie à la fin du volume.

28

Le manuscrit C est le fameux manuscrit de la Bibliothèque nationale, fonds français 837 (anc. 7218). C'est « un gros volume de format in-folio comportant 362 feuillets de parchemin, qui mesurent 315 millimètres sur 210, et sur lesquels un copiste l' *(la collection de textes)* a transcrite au XIIIe siècle, en une petite écriture gothique régulière, sur deux colonnes, chacune de cinquante lignes. La reliure actuelle du volume date du XVIIIe siècle ; elle est en maroquin rouge, aux armes de Louis XV, avec fleurs de lis au dos et ce simple titre : Poésies. L'ornementation du manuscrit est sobre : elle comporte simplement, au début de chaque poésie, de grandes initiales (mesurant 4 sur 3 ou 4 cent.) peintes en or sur fond alternativement bleu ou rouge, toutes uniformément rehaussées de rouge ou de bleu et agrémentées de minces filets blancs enroulés. Les petites initiales peintes dans le texte d'une même poésie sont aussi alternativement rouges ou bleues et avec antennes inversement bleues ou rouges. Une initiale plus grande (7 sur 6 cent.) représentant peut-être l'auteur du recueil, vêtu de blanc nu-tête et agenouillé, offrant son livre à un autre personnage assis, vêtu d'une ample robe brune avec capuchon et à larges manches, se trouve au premier feuillet du volume, qui commence, sans titre, par le dit du Barisel[2]... »

Ce manuscrit comporte 252 textes dont Henri Omont nous a procuré un précieux fac-similé sous le titre *Fabliaux, dits et contes en vers français du XIIIe siècle* (Paris, 1932 ; Genève, Slatkine Reprints, 1973).

II

Nous avons donné en face du texte une traduction suivie en français moderne ; nous avons cherché à offrir une version littéralement saisissable pour le lecteur qui ne connaît pas notre ancienne langue, en écartant les tours archaïques, les mots disparus du vocabulaire ou dont le sens a changé, sauf dans de très rares cas où il s'agit de réalités spécifiques.

Nos principes primordiaux ont été l'exactitude et la modernité, la

---

2. Henri Omont, *op. cit.*, pp. V-VI.

29

brièveté et la rapidité. Nous pensons qu'une traduction doit se suffire à elle-même, se comprendre d'emblée, sans allonger démesurément le texte sous le fallacieux prétexte d'en rendre toutes les nuances. Notre traduction se tient au plus près de l'original, ne le modifiant que lorsque la stricte intelligibilité l'exige ; elle tâche d'en préserver la densité et la vigueur expressive ; elle respecte, autant que possible, la cadence et le rythme. Nous nous sommes efforcés, comme le recommandait Victor-Henry Debidour[3], de traduire le texte dans son mouvement et son exactitude, d'être *littéralement* fidèles à l'*esprit* du poème.

3. Aristophane, *Théâtre complet* (1965), Paris, Folio, 1987, t. I, p. 21.

La Châtelaine de Vergy

Une maniere de gent sont
Qui d'estre loial samblant font
Et de si bien conseil celer
4 Qu'il se covient en aus fier;
Et quant vient qu'aucuns s'i descuevre
Tant qu'il sevent l'amor et l'uevre,
Si l'espandent par le païs,
8 Puis en font lor gas et lor ris.
Si avient que cil joie en pert
Qui le conseil a descouvert,
Quar, tant com l'amor est plus grant,
12 Sont plus mari li fin amant
Quant li uns d'aus de l'autre croit
Qu'il ait dit ce que celer doit.
Et sovent tel meschief en vient
16 Que l'amor faillir en covient
A grant dolor et a vergoingne,
Si comme il avint en Borgoingne

16. en covint.

LA CHÂTELAINE DE VERGY

Il existe des gens
qui font mine d'être loyaux
et de si bien garder un secret
qu'on est conduit à leur faire confiance ;
mais s'il arrive qu'on se découvre
au point de leur révéler une aventure d'amour,
ils la colportent par tout le pays
et ils en font des gorges chaudes.
Aussi celui qui a dévoilé son secret
en perd-il le bonheur,
car plus l'amour est profond,
plus sont affligés les parfaits amants,
quand l'un d'eux s'imagine que l'autre
a divulgué ce qu'il doit tenir secret.
Et souvent il en résulte un tel malheur
que leur amour nécessairement sombre
dans le désespoir et la honte,
comme il advint en Bourgogne

33

D'un chevalier preu et hardi
20 Et de la dame de Vergi
Que li chevaliers tant ama
Que la dame li otria
Par itel couvenant s'amor
24 Qu'il seüst qu'a l'eure et au jor
Que par lui seroit descouverte
Lor amor, qu'il averoit perte
Et de l'amor et de l'otroi
28 Qu'ele li avoit fet de soi.
Et a cele amor otroier
Deviserent qu'en un vergier
Li chevaliers toz jors vendroit
32 Au terme que li meteroit ;
Ne se mouveroit d'un anglet
De si que un petit chienet
Verroit par le vergier aler ;
36 Et lors venist sanz demorer
En sa chambre, et si seüst bien
Qu'a cele eure n'i avroit rien,
Fors la dame tant seulement.
40 Ainsi le firent longuement,
Et fu l'amor douce et senee,
Que fors aus ne le sot riens nee.

Li chevaliers fu biaus et cointes,
44 Et par sa valor fu acointes

à un valeureux et hardi chevalier
et à la dame de Vergy.
Le chevalier la pria avec tant de passion
que la dame lui accorda
son amour à une condition :
il devait savoir que le jour
où il dévoilerait leur amour,
il perdrait aussitôt
celui-ci et le don
qu'elle lui avait fait de sa personne.
Pour s'adonner à leur amour,
ils décidèrent que le chevalier
viendrait tous les jours dans un verger,
à l'heure qu'elle lui fixerait,
et qu'il ne bougerait pas de sa cachette
avant de voir un petit chien
pénétrer dans le verger.
Il se rendrait alors sans attendre
dans sa chambre, certain qu'à ce moment
il n'y aurait personne d'autre
que la dame, et elle seule.
Ainsi firent-ils pendant longtemps,
et leur tendre amour fut si bien caché
que nul n'en sut rien, eux exceptés.

Le chevalier avait belle allure,
et son mérite lui avait acquis

35

Du duc qui Borgoingne tenoit ;
Et sovent aloit et venoit
A la cort, et tant i ala
48 Que la duchoise l'enama
Et li fist tel samblant d'amors
Que, s'il n'eüst le cuer aillors,
Bien se peüst apercevoir
52 Par samblant que l'amast por voir.
Més, quel samblant qu'el en feïst,
Li chevaliers samblant n'en fist
Que poi ne grant s'aperceüst
56 Qu'ele vers lui amor eüst,
Et tant qu'ele en ot grant anui,
Qu'ele parla un jor a lui
Et mist a reson par moz teus :
60 « Sire, vous estes biaus et preus,
Ce dient tuit, la Dieu merci,
Si averiez bien deservi
D'avoir amie en si haut leu
64 Qu'en eüssiez honor et preu,
Que bien vous serroit tele amie.
— Ma dame, fet il, je n'ai mie
Encore a ce mise m'entente.
68 — Par foi, dist ele, longue atente
Vous porroit nuire, ce m'est vis,

56. Que il vers li amor.

36

la faveur du duc de Bourgogne
dont il fréquentait assidûment
la cour. Il s'y rendit si souvent
que la duchesse s'éprit de lui
et lui manifesta si clairement son amour
que, s'il n'avait eu le cœur pris ailleurs,
il aurait bien pu s'apercevoir,
aux signes qu'elle donnait, qu'elle l'aimait vraiment.
Elle eut beau lui faire des avances,
le chevalier ne montra pas
qu'il avait tant soit peu remarqué
l'amour qu'elle éprouvait pour lui.
À la fin, elle en éprouva un si profond chagrin
qu'elle s'adressa à lui
et lui fit cette déclaration :
« Seigneur, vous êtes beau et valeureux,
c'est l'avis de tous, Dieu merci !
Vous auriez bien mérité
d'avoir une amie d'un si haut rang
qu'elle vous apportât honneur et profit.
Une telle amie vous conviendrait bien.
— Madame, dit-il, je n'y ai point
encore songé.
— En vérité, fit-elle, de trop tarder
pourrait vous nuire, à mon avis :

Si lo que vous soiez amis
En un haut leu, se vous veez
72 Que vous i soiez bien amez. »
Cil respont : « Ma dame, par foi,
Je ne sai mie bien por qoi
Vous le dites ne que ce monte ;
76 Ne je ne sui ne duc ne conte
Qui si hautement amer doie,
Ne je n'en sui mie a deus doie
D'amer dame si souveraine,
80 Se je bien i metoie paine.
— Si estes, fet el, se devient ;
Mainte plus grant merveille avient
Et autele avendra encore.
84 Dites moi se vous savez ore
Se je vous ai m'amor donee,
Qui sui haute dame honoree. »
Et cil respont isnel le pas :
88 « Ma dame, je ne le sai pas ;
Més je voudroie vostre amor
Avoir par bien et par honor ;
Més de cele amor Dieus me gart
92 Qu'a moi n'a vous tort cele part
Ou la honte mon seignor gise,
Qu'a nul fuer ne a nule guise
N'enprendroie tel mesprison
96 Com de fere tel desreson,

38

aussi je vous conseille d'aimer
en haut lieu, si vous voyez
qu'on répond à votre amour. »
Et le jeune homme de répliquer : « Par ma foi, Madame,
je ne comprends pas pour quelle raison
vous me parlez ainsi ni à quoi tendent vos propos.
Je ne suis ni duc ni comte
pour oser aimer en si haut lieu,
et je ne suis pas près d'aimer
une dame de si noble condition,
quelque peine que j'y mette.
— Peut-être l'êtes-vous, dit la duchesse :
il arrive de plus étonnants prodiges
et il en arrivera encore d'autres.
Dites-moi si maintenant vous savez
que je vous ai donné mon amour,
moi qui suis une dame puissante et honorée. »
Le chevalier répondit aussitôt :
« Je l'ignore, Madame,
je souhaiterais seulement avoir
votre amour en tout bien tout honneur.
Mais Dieu me garde d'une passion
qui nous entraîne, vous et moi,
à causer le déshonneur de mon seigneur !
Car, pour rien au monde,
je ne commettrais un tel crime,
une folie aussi ignoble

Si vilaine et si desloial,
Vers mon droit seignor natural !
— Ha ! fet cele, qui fu marie,
100   Dans musars, et qui vous en prie ?
— Ha ! ma dame, por Dieu merci,
Bien le sai, més tant vous en di. »

Cele ne tint a lui plus plait,
104   Més grant corouz et grant deshait
En ot au cuer, et si penssa,
S'ele puet, bien s'en vengera,
Si fu ele forment irie.
108   La nuit, quant ele fut couchie
Jouste le duc, a souspirer
Commença et puis a plorer.
Et li dus errant li demande
112   Que c'est qu'ele a, et li commande
Qu'ele li die maintenant :
« Certes, dist ele, j'ai duel grant
De ce que ne set nus hauz hom
116   Qui foi li porte ne qui non,
Més plus de bien et d'onor font
A ceus qui lor trahitor sont.
Et si ne s'en aperçoit nus.
120   — Par foi, dame, fet soi li dus,
Je ne sai por qoi vous le dites ;
Més de tel chose sui je quites,

40

et aussi perfide
envers mon seigneur légitime.
— Eh donc ! riposte en son dépit la duchesse,
et qui vous le demande, grand nigaud ?
— Ah ! Madame, grâce à Dieu,
je le sais bien, mais je tiens à vous le dire. »

La duchesse coupa court à l'entretien,
mais le cœur ulcéré et plein d'amertume,
elle songea alors à se venger,
si elle en avait le pouvoir,
car elle ressentait une violente colère.
La nuit, quand elle fut couchée
auprès du duc, elle se mit
à soupirer, puis à pleurer.
Le duc aussitôt lui demande
ce qu'elle a donc, et lui ordonne
de le lui dire sur-le-champ.
« Ah ! dit-elle, je souffre fort
que les grands ne sachent distinguer
le vassal fidèle de celui qui ne l'est pas,
mais ils donnent plus de biens et d'honneurs
à ceux qui les trahissent,
sans même s'en rendre compte.
— Ma foi, Madame, répondit le duc,
je ne sais où vous voulez en venir ;
mais je suis à l'abri d'un tel reproche,

41

Qu'a nul fuer je ne norriroie
124 Trahitor, se je le savoie.
— Haez donc, dist ele, celui
(Sel nomma) qui ne fina hui
De moi proier au lonc du jor
128 Que je li donaisse m'amor,
Et me dist que mout a lonc tens
Qu'il a esté en cest porpens :
Onques més ne le m'osa dire,
132 Et je me porpenssai, biaus sire,
Tantost que je le vous diroie.
Et si puet estre chose vraie
Qu'il ait pieça a ce penssé :
136 De ce qu'il a aillors amé
Novele oïe n'en avon.
Si vous requier en guerredon
Que vostre honor si i gardoiz
140 Com vous savez que il est droiz. »
Li dus, a cui samble mout grief,
Li dist : « J'en vendrai bien a chief,
Et mout par tens, si com je cuit. »

144 A malaise fu cele nuit
Li dus, n'onques dormir ne pot
Por le chevalier qu'il amot
Qu'il croit que il eüst mesfait
148 Par droit que s'amor perdue ait,

42

car, à aucun prix, je ne garderais
un traître avec moi, si j'en étais instruit.
— Haïssez donc, dit-elle, l'homme
(et elle le nomma) qui n'a cessé
tout au long de ce jour de me prier
de lui accorder mon amour.
Et il m'a dit que depuis fort longtemps
il était dans cet état d'esprit
et que jamais encore il n'osa me l'avouer.
Alors, je résolus aussitôt, cher seigneur,
de vous en informer.
Et c'est sans doute vrai
qu'il y a songé depuis longtemps,
car, qu'il ait aimé ailleurs,
nous n'en avons jamais entendu parler.
Aussi je vous demande la grâce
de préserver votre honneur,
comme vous savez qu'on doit le faire. »
Le duc, fort affecté par ce discours,
lui répond : « J'en viendrai bien à bout
et avant longtemps, je le pense. »

Cette nuit-là fut très pénible
pour le duc, qui ne put dormir un instant
à la pensée du chevalier qu'il aimait
et qu'il croit coupable :
il a mérité de perdre son amitié.

43

Et por ce toute nuit veilla.
L'endemain par matin leva,
Et fist celui a soi venir
152 Que sa fame li fet haïr
Sanz ce que de rien ait mespris.
Maintenant l'a a reson mis
Seul a seul, ne furent qu'aus deus :
156 « Certes, dist il, ce est granz deus
Quant proesce avez et beauté,
Et il n'a en vous leauté !
Si m'en avez mout deceü,
160 Que j'ai mout longuement creü
Que vous fussiez de bone foi
Loiaus, a tout le mains vers moi,
Que j'ai vers vous amor eüe.
164 Si ne sai dont vous est venue
Tel penssee et si trahitresse,
Que proïe avez la duchesse
Et requise de druerie ;
168 Si avez fet grant tricherie,
Que plus vilaine n'estuet querre !
Issiez errant hors de ma terre !
Quar je vous en congié sanz doute
172 Et la vous vé et desfent toute ;
Se n'i entrez ne tant ne quant,
Que, se je dés ore en avant
Vous i pooie fere prendre,

Il en resta éveillé toute la nuit.
Le lendemain, il se leva de bonne heure
et convoqua celui
que sa femme le poussait à haïr,
sans qu'il fût en rien coupable.
Il l'interpelle aussitôt,
en tête à tête, sans témoin :
« Vraiment, dit-il, quel grand malheur
que vous ayez vaillance et beauté,
mais aucune loyauté !
Ainsi m'avez-vous bien trompé,
car je vous ai cru longtemps
fidèle et loyal
du moins vis-à-vis de moi,
pour l'amitié que je vous portais.
Je ne sais d'où vous est venue
une pensée si scélérate
que de solliciter et de requérir
l'amour de la duchesse.
Vous avez commis une grave trahison,
la plus ignoble qui puisse exister.
Quittez immédiatement mes terres !
Je vous en chasse sans appel :
je vous en interdis à jamais l'accès.
N'y revenez jamais plus,
car si, dorénavant,
je pouvais vous y faire prendre,

176   *Sachiez, je vous feroie pendre! »*
     Quant li chevaliers ce entent,
     D'ire et de mautalent esprent
     Si que tuit li tramblent si membre,
180   *Que de s'amie li remembre*
     Dont il set qu'il ne puet joïr
     Se n'est par aler et venir
     Et par reperier ou païs
184   *Dont li dus vout qu'il fust eschis;*
     Et d'autre part li fet mout mal
     Ce qu'a trahitor desloial
     Le tient ses sires, et a tort;
188   *Si est en si grant desconfort*
     Qu'a mort se tient et a trahi.
     « Sire, fet il, por Dieu merci,
     Ne creez ja ne ne penssez
192   *Que je fusse onques si osez.*
     Ce que me metez a tort seure
     Je ne penssai ne jor ne eure,
     S'a mal fet qui le vous a dit.
196   *— Ne vous vaut riens li escondit,*
     Fet li dus, ne point n'en i a :
     Cele meïsme conté m'a
     En quel maniere et en quel guise
200   *Vous l'avez proïe et requise,*

182. et veïr.
194. Ne ne penssai.

46

sachez bien que je vous ferai pendre. »
Quand le chevalier entend ces paroles,
il est enflammé de douleur et de colère
au point qu'il tremble de tous ses membres,
car il se souvient de son amie,
et il sait qu'il ne peut jouir de son amour
sans aller et venir
et sans séjourner dans le pays
dont le duc veut le bannir.
C'est en outre pour lui une grande souffrance
que son seigneur le tienne pour un traître
sans honneur, et injustement.
Son désespoir est si profond
qu'il se juge mortellement trahi.
« Seigneur, fait-il, pour l'amour de Dieu,
n'allez pas vous imaginer
que j'aie jamais été si audacieux !
Ce dont vous m'accusez injustement
ne m'a jamais effleuré l'esprit,
et c'est un crime que de vous l'avoir dit.
— Inutile de chercher des excuses,
dit le duc, car vous n'en avez aucune.
C'est la duchesse elle-même qui m'a conté
comment et en quels termes
vous l'avez priée et sollicitée,

Comme trahitres envious ;
Et tel chose deïstes vous,
Puet estre, dont ele se test.

204 — Ma dame a dit ce que li plest,
Fet cil, qui mout estoit mariz.
— Ne vous vaut riens li escondiz.
— Riens ne m'i vaut que j'en deïsse,

208 Si n'est riens que je n'en feïsse
Par si que j'en fusse creü,
Quar de ce n'i a riens eü.
[— Si a, ce dist li dus, par m'ame »

212 A cui il souvient de sa fame,
Car bien cuidoit por voir savoir
Que sa fame li deïst voir
C'onques n'oï que on parlast

216 Que cil en autre lieu amast]
Dont dist li dus au chevalier :
« Se vous le volez fiancier
Par vostre leal serement,

220 Que vous me direz leaument
Ce que je vous demanderoie,
Par vostre dit certains seroie
Se vous avriiez fet ou non

224 Ce dont j'ai vers vous soupeçon. »
Cil qui tout covoite et desire

211-216. *Vers omis par le manuscrit C.*

comme un traître et un débauché.
Et peut-être avez-vous tenu des propos
qu'elle passe sous silence.
— Ma dame a dit ce qui lui plaît,
dit le chevalier, très affligé.
— Inutile de chercher des excuses.
— Toute parole est vaine ;
pourtant, il n'est rien que je ne fasse
pour être cru,
car rien de tel n'est arrivé.
— Si, sur mon âme », reprit le duc
qui se souvient des propos de sa femme,
car il pensait être bien certain
qu'elle disait la vérité :
jamais on n'avait entendu dire
que le chevalier eût d'autres amours.
Le duc dit alors au chevalier :
« Si vous vouliez m'assurer,
sous la foi du serment,
que vous répondrez loyalement
aux questions que je vous poserais,
je saurais avec certitude, d'après vos paroles,
si vous avez commis ou non
le crime dont je vous soupçonne. »
Le chevalier, qui aspire de tout son être

A geter son seignor de l'ire
Qu'il a envers lui sanz deserte,
228 Et qui redoute cele perte
Comme de guerpir la contree
Ou cele est qui plus li agree,
Respont qu'il tout sanz contredit
232 Fera ce que li dus a dit,
Qu'il ne pensse ne ne regarde
De ce dont li dus se prent garde,
Ne torment ne le lest pensser
236 Ce que li dus veut demander,
De riens fors de cele proiere.
Le serement en tel maniere
L'en fist, li dus la foi en prist.
240 Et li dus maintenant li dist :
« Sachiez par fine verité
Que ce que je vous ai amé
Ça en arriere de fin cuer
244 Ne me lesse croire a nul fuer
De vous tel mesfet ne tel honte
Comme la duchoise me conte ;
Ne tant ne la tenisse a voire,
248 Se ce ne le me feïst croire
Et me meïst en grant doutance
Que j'esgart vostre contenance

245. Que vous.

à chasser du cœur de son seigneur la colère
qu'il ressent contre lui sans qu'il l'ait mérité,
et qui redoute le malheur
d'être exilé du pays où vit
celle qu'il aime par-dessus tout,
répond qu'il fera sans la moindre réticence
tout ce que le duc lui a dit ;
il n'a pas, en effet, la moindre idée
de ce qui préoccupe le duc.
Dans sa détresse, il ne peut imaginer
ce que le duc veut lui demander
et ne voit que cette exigence qu'il lui impose.
Il prêta serment dans les termes requis,
le duc reçut sa foi
et lui dit aussitôt :
« Soyez sûr et certain
que l'amitié profonde
que je vous ai portée jusqu'à présent,
m'interdit de croire d'aucune manière
que vous ayez commis une scélératesse
aussi infâme que le prétend la duchesse.
Et je ne lui accorderais aucun crédit,
si je n'étais amené à la croire
et à éprouver une profonde perplexité
en examinant votre comportement,

51

Et de cointise et d'autre rien,
252 A qoi l'en puet savoir mout bien
Que vous amez, ou que ce soit;
Et quant d'aillors ne s'aperçoit
Nus qu'amez damoisele ou dame,
256 Je me pens que ce soit ma fame,
Qui me dist que vous la proiez.
Si ne puis estre desvoiez,
Por rien que nus m'en puisse fere,
260 Que je croi qu'ainsi soit l'afere,
Se vous ne me dites qu'aillors
Amez en tel leu par amors,
Que m'en lessiez sanz nule doute
264 Savoir en la verité toute.
Et se ce fere ne volez,
Comme parjurs vous en alez
Hors de ma terre, sanz deloi! »
268 Cil ne set nul conseil de soi,
Que le geu a parti si fort
Que l'un et l'autre tient a mort :
Quar, s'il dit la verité pure,
272 Qu'il dira s'il ne se parjure,
A mort se tient, s'il mesfet tant
Qu'il trespasse le couvenant
Que o sa dame et s'amie a,
276 Qu'il est seürs qu'il la perdra
S'ele s'en puet apercevoir;

votre élégance et mille petits riens
qui font bien deviner *guess*
que vous aimez quelque part.
Et comme d'ailleurs nul ne voit
demoiselle ou dame que vous aimiez,
je soupçonne qu'il s'agit de ma femme
qui me dit que vous la sollicitez.
Et on ne m'ôtera pas de l'esprit *takes away*
l'idée que les choses sont ainsi, *resentment dépité*
en dépit de tous vos efforts,
si vous ne me garantissez
que vous aimez une autre femme
et que, sans laisser l'ombre d'un doute,
vous m'en révéliez toute la vérité.
Si vous refusez de le faire,
quittez ma terre
sur-le-champ comme parjure ! »
Le chevalier ne sait comment se tirer d'affaire,
car l'alternative est si rigoureuse
que les deux partis sont mortels pour lui.
S'il révèle la vérité tout entière
(et il la dira, sous peine de se parjurer),
il s'estime perdu ; il n'est pire faute
que d'enfreindre le pacte *Le secret de l'amour courtois.*
conclu avec sa dame et amie ;
il est certain de la perdre
s'il lui arrive de l'apprendre.

53

Et, s'il ne dit au duc le voir,
Parjurés est et foimentie,
280 Et pert le païs et s'amie ;
Més du païs ne li chausist,
Se s'amie li remainsist
Que sor toute riens perdre crient.

284 Et por ce qu'adés li sovient
De la grant joie et du solaz
Qu'il a eü entre ses braz,
Si se pensse, s'il la messert
288 Et s'il par son mesfet la pert,
Quant o soi ne l'en puet mener,
Comment porra sanz li durer ?
Si est en tel point autressi
292 Com li chastelains de Couci,
Qui au cuer n'avoit s'amor non,
Dist en un vers d'une chançon :

Par Dieu, Amors, fort m'est a consirrer
296 Du dous solaz et de la compaignie
Et des samblanz que m'i soloit moustrer
Cele qui m'ert et compaingne et amie ;
Et quant regart sa simple cortoisie
300 Et les douz mos qu'a moi soloit parler,
Comment me puet li cuers ou cors durer ?
Quant il n'en part, certes trop est mauvés !

Li chevaliers en tele angoisse
304 Ne set se le voir li connoisse,

54

Mais s'il cache la vérité au duc,
il viole son serment et sa foi,
il perd son pays et son amie.
Peu lui importerait son pays,
s'il lui restait son amie
qu'il craint plus que tout de perdre.
Et comme lui reviennent en mémoire
le bonheur délicieux et la joie
qu'il a goûtés dans ses bras,
il se demande alors, s'il la trahit
et s'il la perd par sa faute,
comment il pourra vivre sans elle,
puisqu'il ne peut l'emmener avec lui.
Il se trouve dans la même situation
que le châtelain de Coucy
qui, le cœur plein d'amour,
disait dans la strophe d'une chanson :

« Par Dieu, Amour, il m'est dur de renoncer
au doux bonheur de sa présence,
aux faveurs que ne cessait de me prodiguer
celle qui était ma compagne et mon amie.
Lorsque j'évoque sa grâce délicate,
et les doux mots qu'elle m'adressait,
comment mon cœur peut-il battre dans ma poitrine ?
S'il ne me quitte, c'est qu'il est trop poltron. »

Le chevalier, dans ce tourment cruel,
se demande s'il doit révéler la vérité

Ou il mente et lest le païs ;
Et quant il est ainsi penssis
Qu'il ne set li quels li vaut mieus,
308 L'eve du cuer li vient aus ieus
Por l'angoisse qu'il se porchace,
Et li descent aval la face,
Si qu'il en a le vis moillié.

312 Li dus n'en ot pas le cuer lié,
Qui pensse qu'il i a tel chose
Que reconnoistre ne li ose.
Lors dist li dus isnel le pas :

316 « Bien voi que ne vous fiez pas
En moi tant com vous devriiez.
Cuidiez vous, se vous me disiez
Vostre conseil celeement,

320 Que jel deïsse a nule gent ?
Je me leroie avant sanz faute
Trere les denz l'un avant l'autre !
— Ha ! fet cil, por Dieu merci, sire.

324 Je ne sais que je doie dire
Ne que je puisse devenir ;
Més je voudroie mieus morir
Que perdre ce que je perdroie

328 Se le voir dit vous en avoie ;
Quar, s'il estoit de li seü
Que l'eüsse reconneü

ou bien la taire et quitter le pays.
Tandis qu'il est ainsi plongé dans ses pensées
sans savoir quel est le meilleur parti,
du fond du cœur les larmes lui montent aux yeux
sous l'effet de la souffrance qui l'étreint ;
elles coulent le long du visage
tant qu'elles lui inondent la figure.
Le duc en est bouleversé
et croit qu'il est une chose
que le chevalier n'ose lui dévoiler.
Il lui dit sans attendre :
« Je vois bien que vous ne vous fiez pas
à moi autant que vous le devriez.
Croyez-vous que, si vous me livriez
votre secret en confidence,
je le divulguerais à qui que ce fût ?
Je me laisserais à coup sûr
plutôt arracher les dents l'une après l'autre.
— Ah ! Seigneur, pour l'amour de Dieu, fait le chevalier,
je ne sais ce que je dois dire
ni ce que je peux devenir.
Mais je préférerais mourir
que de perdre ce que je perdrais
si je vous disais la vérité,
car si elle apprenait
que j'eusse un jour de ma vie

A jor qui fust a mon vivant...! »

332 Lors dist li dus : « Je vous creant
Seur le cors et l'ame de moi
Et sor l'amor et sor la foi
Que je vous doi sor vostre hommage,

336 Que ja en trestout mon eage
N'en ert a creature nee
Par moi novele racontee
Ne samblant fet, grant ne petit. »

340 Et cil en plorant li a dit :
« Sire, jel vous dirai ainsi ;
J'aim vostre niece de Vergi,
Et ele moi, tant c'on puet plus.

344 — Or me dites donc, fet li dus,
Quant vous volez c'on vous encuevre,
Savoit nus fors vous dui ceste oevre ? »
Et li chevaliers li respont :

348 « Nenil, creature del mont ! »
Et dist li dus : « Ce n'avint onques :
Comment i avenez vous donques,
Ne comment savez lieu ne tens ?

352 — Par foi, sire, fet cil, par sens
Que je vous dirai sanz riens tere,
Quant tant savez de nostre afere. »

331. Lacune en fin de phrase.
350. i aveniez.
353. riens fere.

58

révélé notre amour...
— Je vous promets, lui dit alors le duc,
sur mon corps et sur mon âme,
sur l'amitié et la fidélité
que je vous dois comme à mon vassal,
que jamais ma vie durant
je n'en dirai rien
à qui que ce soit
ni ne laisserai rien transparaître. »
Le chevalier, en larmes, répliqua :
« Seigneur, je puis alors vous l'avouer :
j'aime votre nièce, la dame de Vergy,
elle m'aime aussi, d'un amour sans égal.
— Dites-moi donc, fait le duc,
puisque vous voulez qu'on garde votre secret,
quelqu'un le savait-il, à part vous deux ? »
Et le chevalier répondit :
« Non, personne au monde.
— On ne vit jamais rien de tel, dit le duc.
Comment ménagez-vous donc vos rencontres ?
Comment en fixez-vous le lieu et l'heure ?
— Ma foi, Seigneur, par un stratagème
que je vous dirai sans rien cacher,
puisque vous savez déjà tant sur notre histoire. »

Lors li a toutes acontees
356 Ses venues et ses alees,
Et la couvenance premiere,
Et du petit chien la maniere.
Lors dist li dus : « Je vous requier
360 Que a vostre terme premier
Vueilliez que vostre compains soie
D'aler o vous en ceste voie,
Quar je vueil savoir sans aloingne
364 Se ainsi va vostre besoingne ;
Si n'en savra ma niece rien.
— Sire, fet il, je l'otroi bien,
Més qu'il ne vous griet ne anuit,
368 Et, sachiez bien, g'irai anuit. »
Et li dus dist qu'il i ira,
Que ja ne li anuiera,
Ainz li sera solaz et geu.
372 Entr'aus ont devisé le leu
Ou assambleront, tout a pié.

Si tost comme il fu anuitié,
Que assez prés d'iluec estoit
376 Ou la niece le duc manoit,
Cele part tienent lor chemin
Tant qu'il sont venu au jardin,
Ou li dus ne fu pas grant piece,
380 Quant il vit le chienet sa niece

60

Alors il lui a raconté
toutes ses allées et venues
et la convention conclue au début
et le manège du petit chien.
« Je vous prie, dit le duc, de m'autoriser,
lors de votre prochain rendez-vous,
à vous accompagner
et à y aller avec vous,
car je veux savoir sans retard
si tout se passe comme vous dites ;
et ma nièce n'en saura rien.
— Seigneur, dit-il, j'y consens volontiers,
pourvu que vous n'en éprouviez aucun ennui.
Sachez donc que j'irai cette nuit même. »
Le duc déclare qu'il viendra
et que, loin de lui déplaire,
ce sera pour lui un plaisir et un jeu.
Ils convinrent du lieu
où ils se retrouveront à pied.

Dès la tombée de la nuit,
comme la nièce du duc
habitait tout près,
ils se dirigèrent de ce côté
et arrivèrent au jardin.
Le duc n'attendait pas depuis longtemps
quand il vit le petit chien de sa nièce

Qui s'en vint au bout du vergier
Ou il trova le chevalier
Qui grant joie a fet au chienet.
384 Tantost a la voie se met
Li chevaliers et le duc lait,
Et li dus aprés lui s'en vait
Prés de la chambre, et ne se muet ;
388 Iluec s'esconsse au mieus qu'il puet ;
D'un arbre mout grant et mout large
S'estoit couvers com d'une targe
Et mout entent a lui celer.
392 D'iluec vit en la chambre entrer
Le chevalier, et vit issir
Sa niece et contre lui venir
Hors de la chambre en un prael,
396 Et vit et oï tel apel
Comme ele li fist par solaz
De salut de bouche et de braz,
Si tost comme ele le choisi.
400 De la chambre vers lui sailli,
Et de ses biaus braz l'acola
Et plus de cent fois le besa
Ainz que feïst longue parole.
404 Et cil la rebese et acole,
Et li dist : « Ma dame, m'amie,
M'amor, mon cuer, ma druerie,
M'esperance et tout quanques j'aim,

62

venir au bout du verger
où il trouva le chevalier
qui lui manifeste une grande joie.
Aussitôt le chevalier de s'avancer,
laissant le duc derrière lui.
Celui-ci, qui le suit, s'approche
de la chambre et, sans bouger,
se dissimule de son mieux
derrière un arbre très grand et massif
dont il se couvre comme d'un bouclier,
veillant à bien se cacher.
Il vit le chevalier entrer
dans la chambre et sa nièce en sortir
pour venir à sa rencontre
au-dehors dans un verger.
Il vit et entendit l'appel
que, dans sa joie, elle lui a lancé
pour le saluer de la voix et du geste
dès qu'elle l'a aperçu.
Elle sortit de la chambre à sa rencontre,
le serra dans ses beaux bras
et l'embrassa plus de cent fois
avant de lui adresser la parole.
Lui, à son tour, l'embrasse, la prend dans ses bras,
et lui dit : « Ma dame, mon amie,
mon amour, mon cœur, mon plaisir,
mon espérance, vous, tout ce que j'aime,

408 *Sachiez que j'ai eü grant faim*
D'estre o vous, si comme ore i sui,
Trestoz jors puis que je n'i fui. »
Ele redist : « Mon douz seignor,
412 *Mes douz amis, ma douce amor,*
Onques puis ne fu jor ne eure
Que ne m'anuiast la demeure ;
Més ore de riens ne me dueil,
416 *Quant j'ai o moi ce que je vueil,*
Quant ci estes sains et haitiez,
Et li trés bien venuz soiez ! »
Et cil dist : « Et vous bien trovee ! »
420 *Tout oï li dus a l'entree,*
Qui mout prés d'aus apoiez fu ;
Sa niece a la voiz bien connu,
Si bien, et a la contenance,
424 *Que il est or fors de doutance,*
Et si tient de ce la duchesse
Que dit li ot a menteresse ;
Et mout li plest : or voit il bien
428 *Que cil ne li a mesfet rien*
De ce que il l'a mescreü.
Ilueques s'est issi tenu
Toute la nuit, endementiers
432 *Que la dame et li chevaliers*

426. Qui dit li ot.

sachez que j'ai eu grand-faim
d'être avec vous comme je le suis maintenant,
à chaque instant de notre séparation. »
Elle répondit : « Mon doux seigneur,
mon doux ami, mon doux amour,
il n'y eut pas un jour, pas une heure,
sans que l'attente me pesât ;
mais à présent je ne souffre plus de rien,
puisque j'ai avec moi ce que je désire,
que vous voici plein de force et de gaieté,
soyez le très bienvenu !
— Et vous, dit-il, la bien rencontrée ! »
Le duc a tout entendu de l'entrée
où il était appuyé tout près d'eux.
Il a si bien reconnu sa nièce,
à la voix et au maintien,
qu'il n'a plus le moindre doute,
et qu'il tient la duchesse pour une menteuse
à cause des propos qu'elle lui a tenus.
Il en est tout heureux, car il voit bien
que le chevalier n'a pas commis contre lui
le crime dont il l'a soupçonné.
Ainsi le duc resta-t-il là,
toute la nuit, tandis que, dans la chambre,
la dame et le chevalier

Dedenz la chambre en un lit furent
Et sanz dormir ensamble jurent,
A tel joie et a tel deport
436 Qu'il n'est resons que nus recort
Ne ne la die ne ne l'oie,
S'il n'atent a avoir tel joie
Que Amors aus fins amanz done,
440 Quant sa paine reguerredone.
Quar cil qui tel joie n'atent,
S'il l'ooit or, riens n'i entent,
Puis qu'il n'a a Amors le cuer,
444 Que nus ne savroit a nul fuer
Combien vaut a tel joie avoir,
S'Amors ne li fesoit savoir.
Ne teus biens n'avient mie a toz,
448 Que ce est joie sans corouz
Et solaz et envoiseüre;
Més tant i a que petit dure,
C'est avis a l'amant qui l'a:
452 Ja tant longues ne durera,
Tant li plest la vie qu'il maine,
Que, se nuis devenoit semaine
Et semaine devenoit mois,
456 Et mois uns anz, et uns anz trois,
Et troi an vint, et vint an cent,

452. tant lugues.

66

étaient couchés ensemble
dans le même lit sans dormir.
Quels furent leurs transports et leurs plaisirs,
il est vain de l'évoquer,
et nul ne peut le comprendre
s'il n'aspire pas à cette félicité
qu'Amour accorde aux vrais amants
pour les récompenser de leurs peines.
Car celui qui ne prétend pas à cette félicité
ne comprendrait rien à ce qu'il entendrait,
puisqu'il n'a pas donné son cœur à Amour :
personne ne pourrait jamais connaître
la valeur d'une telle félicité
si Amour ne le lui enseignait.
Un tel bien n'échoit pas à tous,
car c'est un bonheur sans nuages,
une joie, un ravissement.
Mais il est de courte durée,
du moins pour l'amant qui le possède ;
il ne durera jamais assez longtemps.
La vie qu'il mène a tant de charmes
que si la nuit devenait une semaine
et la semaine un mois
et le mois une année et l'année trois
et trois années vingt, et vingt années cent,

Quant vendroit au definement,
Si voudroit il qu'il anuitast,
460 Cele nuit, ainz qu'il ajornast.
Et en itel penssé estoit
Icil que li dus atendoit;
Quar ainz jor aler l'en covint,
464 Et s'amie o lui a l'uis vint.
La vit li dus au congié prendre
Besier doner et besier rendre,
Et oï forment souspirer
468 Et au congié prendre plorer.
Iluec ot ploré mainte lerme,
Et si oï prendre le terme
Du rassambler iluec arriere.
472 Li chevaliers en tel maniere
S'en part, et la dame l'uis clot;
Més, tant comme veoir le pot,
Le convoia a ses biaus ieus,
476 Quant ele ne pot fere mieus.
Quant li dus vit clorre l'uisset,
Tantost a la voie se met,
Tant que le chevalier ataint
480 Qui a soi meïsme se plaint
De la nuit : si comme il a dit,
Trop li avoit duré petit.
Et tel penssee et autel diz
484 Ot cele dont il ert partiz,

68

quand viendrait le terme,
il souhaiterait que la nuit tombât
sans que le jour se levât.
Voilà à quoi songeait
celui que le duc attendait,
car avant l'aube il lui fallut s'en aller.
Son amie vint avec lui jusqu'à la porte.
Le duc les vit au moment de la séparation
se donner et rendre des baisers,
il entendit de profonds soupirs
et des plaintes au moment du départ.
Alors ils versèrent bien des larmes.
Il les entendit aussi se fixer
un nouveau rendez-vous en ce lieu.
Ainsi s'en va le chevalier,
et la dame ferme la porte ;
mais tant qu'elle peut l'apercevoir,
elle l'accompagne de ses beaux yeux,
ne pouvant faire mieux.
Dès que le duc a vu la porte se fermer,
il se met aussitôt en route
et rejoint le chevalier
qui se désole en lui-même :
comme il l'a déjà dit,
la nuit lui a paru trop courte.
C'étaient aussi les pensées et les propos
de celle qu'il venait de quitter :

A cui il samble por la nuit
Que failli ait a son deduit,
Ne du jor ne se loe point.
488 Li chevaliers ert en tel point
Et de penssee et de parole,
Quant li dus l'ataint, si l'acole
Et li a fet joie mout grant,
492 Puis li a dit : « Je vous creant
Que toz jors més vous amerai
Ne ja més jor ne vous harrai,
Quar vous m'avez de tout voir dit
496 Et ne m'avez de mot mentit.
— Sire, fet cil, vostre merci !
Més por Dieu vous requier et pri
Que cest conseil celer vous plaise,
500 Qu'amor perdroie et joie et aise
Et morroie sanz nule faute,
Se je savoie que nul autre
Ice savroit, fors vous sanz plus.
504 — Or n'en parlez ja, fet li dus ;
Sachiez qu'il ert si bien celé
Que ja par moi n'en ert parlé. »
Ainsi s'en sont parlant venu
508 La dont il estoient meü.

Et cel jor, quant vint au mengier,
Moustra li dus au chevalier

il lui semble que la nuit
n'a pas comblé tous ses désirs,
et elle ne se réjouit pas de voir le jour.
Voilà ce que pensait
et se disait le chevalier,
lorsque le duc le rejoignit et, l'embrassant,
lui manifesta toute sa joie.
« Je vous promets, dit-il,
de vous donner une amitié éternelle,
de ne jamais vous prendre en haine,
car vous m'avez dit toute la vérité
sans mentir d'un seul mot.
— Seigneur, fit le chevalier, grand merci !
Mais pour l'amour de Dieu je vous implore
de bien vouloir garder ce secret,
car j'en perdrais amour, bonheur, félicité,
et j'en mourrais certainement
si j'apprenais qu'un autre que vous
en fût informé.
— N'en dites pas plus, reprit le duc.
Sachez que le secret sera si bien gardé
que jamais je n'en dirai mot. »
Tout en devisant, les voici venus
à l'endroit d'où ils étaient partis.

Ce jour-là, au moment du repas,
le duc réserva au chevalier

Plus biau samblant qu'ainz n'avoit fait,
512   Dont tel corouz et tel deshait
En ot la duchoise sanz fable
Qu'ele se leva de la table
Et a fet samblant par faintise
516   Que maladie li soit prise.
[Alee est couchier en son lit
Ou ele ot petit de delit]
Et li dus, quant il ot mengié
520   Et lavé et bien festoié,
Si l'est tantost alez veoir
Et la fist sus son lit seoir,
Et a commandé que nului
524   Ne remaingne leenz for lui.
L'en fet tantost ce qu'il commande,
Et li dus errant li demande
Comment cist maus li est venu
528   Et que ce est qu'ele a eü.
Ele respont : « Si Dieus me gart,
Je ne m'en donoie regart
Orains, quant au mengier m'assis,
532   Que greignor sens et plus d'avis
N'avez en vous que je n'i vi,
Quant vous tenez plus chier celui
Que je vous ai dit qui porchace

517-518. *Vers omis par le manuscrit C.*
532. plus d'amis.

72

un accueil plus aimable que jamais
ce qui, sans mentir, plongea la duchesse
dans une telle colère et un tel désespoir
qu'elle se leva de table
en faisant semblant
d'être prise d'un malaise.
Elle alla s'étendre sur son lit
sans qu'elle eût le cœur à rire.
Le duc, après avoir mangé,
s'être lavé les mains, avoir festoyé,
s'en fut sur-le-champ la retrouver.
Il la fit asseoir sur le lit
et ordonna qu'on le laissât
seul avec elle.
Ses ordres promptement exécutés,
le duc lui demande aussitôt
comment ce malaise lui est venu
et ce qui lui est donc arrivé.
« Que Dieu me protège, répond-elle,
je ne m'imaginais pas
tout à l'heure, quand je m'assis à table,
que vous n'aviez pas plus de bon sens
et de jugement que je ne vis en vous,
puisque vous estimez davantage
celui dont je vous ai dit qu'il tente

536 Qu'il a moi honte et despit face ;
Et quant vi que plus biau samblant
Li feïstes que de devant,
Si grant duel et si grant ire oi
540 Qu'ilueques demorer ne poi.
— Ha ! fet li dus, ma douce amie,
Sachiez, je n'en croiroie mie
Ne vous ne autre creature
544 Que onques por nule aventure
Avenist ce que vous me dites ;
Ainz sai bien qu'il en est toz quites,
N'onques ne penssa de ce fere.
548 Tant ai apris de son afere ;
Si ne m'en enquerez ja plus. »

Atant se part d'iluec li dus ;
Et ele remest mout penssive,
552 Que ja més jor que ele vive,
Une eure a aise ne sera
Devant que plus apris avra
De ce que li dus li desfent
556 Qu'ele ne li demant noient ;
Que ja ne l'en tendra desfensse,
Quar en son cuer engin porpensse
Qu'ele le porra bien savoir,

545. ce que voust.

74

de me couvrir de honte et de déshonneur.
Aussi quand je vous vis lui témoigner
plus d'amabilité qu'avant,
je fus si chagrinée et si contrariée
que je ne pus rester là-bas.
— Ah! ma chère amie, dit le duc,
apprenez que je ne saurais croire
de vous ni de personne d'autre
que, de quelque façon que ce soit,
ce que vous m'avez conté se soit jamais produit.
Mais je suis sûr qu'il est tout à fait innocent
et que jamais il n'a eu de tels projets.
J'en ai assez appris sur son compte,
inutile de m'en demander davantage. »

Alors le duc quitta la chambre,
et la duchesse resta, toute songeuse,
car, aucun jour de sa vie,
elle n'aura une heure de répit
avant d'en avoir appris plus long
sur le sujet que le duc lui interdit
formellement d'aborder.
Pour elle point d'interdiction qui tienne,
car elle trame en son cœur une ruse
pour apprendre ce qu'il en est.

560   *S'ele le sueffre jusqu'au soir,*
     Qu'ele ait le duc entre ses braz,
     Qu'ele set bien qu'en tel solaz
     En fera, ce ne dout je point,
564   *Mieus son voloir qu'en autre point.*
     Por ce adonc atant se tint,
     Et quant li dus couchier se vint,
     A une part du lit s'est traite ;
568   *Samblant fet que point ne li haite*
     Que li dus o li gesir doie,
     Qu'ele set bien ce est la voie
     De son mari metre au desouz
572   *Par fere samblant de corouz.*
     Por ce se tint en itel guise
     Que ele mieus le duc atise
     A croire que mout soit irie ;
576   *Por ce, sanz plus, qu'il l'a besie,*
     Li dist ele : « Mout estes faus
     Et trichierres et desloiaus,
     Qui moi moustrez samblant d'amor,
580   *N'oncques ne m'amastes nul jor !*
     Et j'ai esté lonc tens si fole
     Que j'ai creü vostre parole,
     Que soventes foiz me disiez
584   *Que de cuer loial m'amiiez !*
     Més hui m'en sui aperceüe,
     Que j'en ai esté deceüe ! »

Si elle souffre d'attendre jusqu'au soir
d'avoir le duc entre ses bras,
elle sait bien, à n'en pas douter,
qu'au milieu du plaisir, il fera
mieux sa volonté qu'à un autre moment.
Elle se domina donc
et, quand le duc vint se coucher,
elle se retira à l'autre bout du lit
et feignit d'être contrariée
que le duc s'étende à ses côtés,
certaine en effet que le seul moyen
de prendre le dessus sur son mari
est de simuler la colère.
Elle adopte donc une attitude
qui incite le duc
à croire qu'elle est furieuse.
Aussi à peine l'a-t-il embrassée
qu'elle lui dit : « Que vous êtes menteur
et fourbe et déloyal,
vous qui faites semblant de m'aimer,
sans m'avoir jamais aimée !
J'ai été longtemps assez folle
pour croire en vos paroles,
puisque vous me répétiez
que vous m'aimiez d'un cœur sincère.
Mais j'ai découvert aujourd'hui
que vous m'avez trompée.

Et li dus dist : « Et vous, a qoi ?
588 — Ja me deïstes, par ma foi,
Fet cele qui a mal i bee,
Que je ne fusse si osee
Que je vous enqueïsse rien
592 De ce que or savez vous bien.
— De quoi, suer, savez vous, por Dé ?
— De ce que cil vous a conté,
Fet ele, mençonge et arvoire,
596 Qu'il vous a fet pensser et croire.
Més de ce savoir ne me chaut,
Que j'ai penssé que petit vaut
En vous amer de cuer loial :
600 Que c'onques fust ou bien ou mal,
Mes cuers riens ne vit ne ne sot
Que ne seüssiez ausi tost ;
Et or voi que vous me celez,
604 Vostre merci, les voz penssez.
Si sachiez ore sanz doutance
Que ja més n'avrai tel fiance
En vous, ne cuer de tel maniere
608 Com j'ai eü ça en arriere. »
Lors a commencié a plorer
La duchoise et a souspirer,
Et s'esforça plus qu'ele pot.
612 Et li dus tel pitié en ot
Qu'il li a dit : « Ma bele suer,

78

— Comment donc ? fit le duc.
— Par ma foi, vous m'avez bien enjoint,
dit la duchesse qui pense à mal faire,
de ne point avoir l'audace
de vous poser la moindre question
sur l'affaire que vous savez bien.
— Sur quelle affaire, mon amie, par Dieu ?
— Sur les racontars du chevalier,
dit-elle, sur les mensonges et les fables
dont il vous a persuadé.
Mais peu importe de les connaître,
car j'ai compris que vous aimer
d'un cœur loyal ne compte guère.
Que ce fût en bien ou en mal,
mon cœur n'a jamais rien vu ni rien su
que vous ne l'appreniez sur l'heure.
Je vois maintenant, pardonnez-moi,
que vous me cachez vos pensées.
Soyez désormais convaincu
que je ne vous porterai plus
la confiance et l'affection
que j'ai eues par le passé. »
Alors la duchesse se mit
à verser des pleurs et à soupirer
aussi fort qu'elle le pouvait.
Le duc en éprouva tant d'émotion
qu'il lui dit : « Ma chère sœur,

79

Je ne soufferroie a nul fuer
Ne vostre corouz ne vostre ire;
616 Més, sachiez, je ne puis pas dire
Ce que volez que je vous die
Sanz fere trop grant vilonie. »
Ele respont isnel le pas :
620 « Sire, si ne m'en dites pas,
Quar je voi bien a cel samblant
Qu'en moi ne vous fiez pas tant
Que celaisse vostre conseil;
624 Et sachiez que mout me merveil :
Ainc n'oïstes grant ne petit
Conseil que vous m'eüssiez dit,
Dont descouvers fussiez par moi;
628 Et si vous di, en bone foi,
Ja en ma vie n'avendra. »
Quant ce ot dit, si replora;
Et li dus si l'acole et bese,
632 Et est de son cuer a malese,
Si que plus ne se pot tenir
De sa volenté descouvrir;
Puis se li a dit : « Bele dame,
636 Je ne sai que face, par m'ame,
Que tant m'afi en vous et croi
Que chose celer ne vous doi
Que li miens cuers sache ne ot;
640 Més, je vous pri, n'en parlez mot :

je ne supporterais pour rien au monde
votre ressentiment ni votre colère ;
mais, comprenez-le, je ne puis vous révéler
ce que vous souhaitez
sans commettre une action infâme. »
Elle riposta sur-le-champ :
« Seigneur, inutile d'en parler,
car je vois bien, à votre attitude,
que vous ne vous fiez pas assez à moi
pour garder votre secret.
Sachez donc que j'en suis fort surprise :
jamais vous n'avez entendu dire
que j'aie livré un secret, grand ou petit,
que vous m'ayez confié.
Je vous l'affirme en toute loyauté :
de ma vie cela ne se produira. »
À ces mots, elle se remit à pleurer ;
et le duc de l'étreindre et de l'embrasser,
le cœur si bouleversé
qu'il ne put s'empêcher
de lui dévoiler ce qu'elle voulait.
« Ma chère dame, lui dit-il alors,
je ne sais que faire sur mon âme ;
je crois en vous avec tant de confiance
que je n'ai à vous cacher
rien que je puisse savoir ou entendre.
Mais, je vous en prie, n'en soufflez mot :

Sachiez, et itant vous en di,
Que, se je sui par vous trahi,
Vous en receverez la mort. »
644 Et ele dist : « Bien m'i acort !
Estre ne porroit que feïsse
Chose dont vers vous mespreïsse. »
Cil qui l'aime por ce le croit
648 Et cuide que veritez soit
De ce que li dist, puis li conte
De sa niece trestout le conte,
Comme apris l'ot du chevalier,
652 Et comment il fu el vergier
En l'anglet ou il n'ot qu'eus deus,
Quant li chienés s'en vint a eus ;
Et de l'issue et de l'entree
656 Li a la verité contee,
Si qu'il ne li a riens teü
Qu'il i ait oï ne veü.
Et quant la duchoise l'entent
660 Que cil aime plus bassement
Qui de s'amor l'a escondite,
Morte se tient et a despite ;
Més ainc de ce samblant ne fist,
664 Ainçois otroia et promist
Au duc a si celer ceste oevre
Que, se c'est qu'ele le descuevre,
Que il la pende a une hart !

sachez, et tenez-le-vous pour dit,
que, si vous me trahissez,
vous perdrez la vie.
— J'y consens tout à fait, fit-elle ;
il est impossible que je me rende
coupable d'une offense à votre égard. »
Comme il l'aime, il la croit donc
et s'imagine que ses paroles
sont véridiques : il lui raconte alors
toute l'histoire de sa nièce,
comment il l'a apprise du chevalier
et comment il s'était trouvé dans un coin
du verger, seul avec lui,
lorsque le petit chien vint vers eux ;
il évoque fidèlement
la rencontre et la séparation
sans rien omettre
de ce qu'il a vu ou entendu.
Lorsque la duchesse apprend
que celui qui a repoussé son amour
aime une femme d'un rang inférieur,
elle pense en mourir de dépit.
Mais, loin d'en laisser rien paraître,
elle promit et jura au duc
de tenir cette histoire secrète :
si c'est elle qui la révèle,
qu'il la pende haut et court.

668 Et se li est il ja mout tart
    D'a celi parler qu'ele het,
    Dés icele eure qu'ele set
    Que ele est amie a celui
672 Qui li fet et honte et anui
    Por itant, ce li est avis,
    Qu'il ne vout estre ses amis.
    Si afferme tout son porpens
676 Que, s'ele voit ne lieu ne tens
    Qu'a la niece le duc parolt,
    Qu'ele li dira ausi tost,
    Ne ja ne celera tel chose
680 Ou felonie avra enclose.

    Més ainc en point n'en lieu n'en vint
    Tant que la Pentecouste vint
    Qui aprés fu, a la premiere
684 Que li dus tint cort mout pleniere,
    Si qu'il envoia par tout querre
    Toutes les dames de la terre,
    Et sa niece tout premeraine
688 Qui de Vergi ert chastelaine.
    Et quant la duchoise la vit,
    Tantost toz li sans li fremist
    Com cele del mont que plus het.
692 Més son corage celer set,
    Se li a fet plus bel atret

84

Déjà il lui tardait beaucoup
de parler à celle qu'elle abhorre
depuis qu'elle la sait
aimée de l'homme
qui, à son avis, l'outrage
et l'humilie
en refusant d'être son ami.
Elle prend la ferme résolution,
si elle peut en trouver le lieu et l'occasion,
de s'entretenir avec la nièce du duc
pour s'empresser de lui lancer
sans ménagement des propos
où elle aura glissé quelque perfidie.

Ni le moment ni le lieu ne s'en présentèrent
avant la Pentecôte qui suivit
et qui fut la première occasion
pour le duc de tenir cour plénière.
Il convia à y assister
toutes les dames de sa terre,
et d'abord sa nièce
qui était châtelaine de Vergy.
Dès que la duchesse l'aperçut,
tout son sang ne fit qu'un tour :
c'était la femme qu'elle détestait le plus au monde.
Mais elle sait cacher ses sentiments
et lui réserve meilleur accueil

C'onques devant ne li ot fet ;
Més mout ot grant talent de dire
696   Ce dont ele ot au cuer grant ire
Et la demeure mout li couste.

Por ce, le jor de Pentecouste,
Quant les tables furent ostees,
700   En a la duchoise menees
Les dames en sa chambre o soi
Por eles parer en reqoi
Por venir cointes aus caroles.
704   Lors ne pot garder ses paroles
La duchoise, qui vit son leu,
Ainz dist ausi comme par geu :
« Chastelaine, soiez bien cointe,
708   Quar bel et preu avez acointe. »
Et cele respont simplement ;
« Je ne sai quel acointement
Vous penssez, ma dame, por voir,
712   Que talent n'ai d'ami avoir
Qui ne soit del tout a l'onor
Et de moi et de mon seignor.
— Je l'otroi bien, dist la duchesse,
716   Més vous estes bone mestresse,
Qui avez apris le mestier
Du petit chienet afetier ! »
Les dames ont oï le conte,

que jamais auparavant.
Cependant, elle meurt d'envie de lui découvrir
les raisons de la violente colère qu'elle éprouve en son
[cœur,
et il lui en coûte beaucoup d'attendre.
Aussi, le jour de la Pentecôte,
une fois les tables enlevées,
la duchesse emmena-t-elle les dames
avec elle dans son appartement
afin qu'en toute tranquillité
elles se parent élégamment pour le bal.
C'est alors que, voyant le moment propice,
elle ne put s'empêcher de parler
et dit sur le ton de la plaisanterie :
« Châtelaine, faites-vous bien belle,
car vous avez un ami beau et valeureux. »
La châtelaine répond en toute innocence :
« Je ne sais vraiment pas, Madame,
à quelle amitié vous faites allusion,
car je ne souhaite pas avoir d'ami
qui ne soit tout à fait digne
de mon seigneur et de moi-même.
— Je vous l'accorde volontiers,
dit la duchesse, mais vous êtes
passée maître dans l'art
de dresser un petit chien. »
Les dames ont écouté l'entretien

720 Més ne sevent a quoi ce monte ;
    O la duchoise s'en revont
    Aus caroles que fetes ont.

    Et la chastelaine remaint :
724 Li cuers li trouble d'ire et taint,
    Et li mue trestoz el ventre.
    Dedenz une garderobe entre
    Ou une pucelete estoit
728 Qui aus piez du lit se gisoit,
    Més ele ne la pot veoir.
    El lit s'est lessie cheoir
    La chastelaine mout dolente ;
732 Iluec se plaint et se gaimente
    Et dist : « Ha ! sire Dieus, merci !
    Que puet estre que j'ai oï,
    Que ma dame m'a fait regret
736 Que j'ai afetié mon chienet ?
    Ce ne set ele par nului,
    Ce sai je bien, fors par celui
    Qui j'amoie et trahie m'a ;
740 Ne ce ne li deïst il ja
    S'a li n'eüst grant acointance,
    Et s'il ne l'amast sanz doutance
    Plus que moi qui il a trahie.
744 Bien voi que il ne m'aime mie,
    Quant il me faut de couvenant.

sans en comprendre le sens.
Elles reviennent avec la duchesse
vers les danses qu'elles ont organisées.

La châtelaine, elle, reste :
son cœur bouleversé et assombri de chagrin
bat à tout rompre dans sa poitrine.
Elle entre dans une petite chambre
où une fillette était étendue
au pied du lit
sans qu'elle puisse la voir.
La châtelaine désespérée
s'est laissée choir sur le lit ;
elle se répand alors en gémissements :
« Ah ! Seigneur Dieu, dit-elle, pitié !
Qu'ai-je donc entendu ?
Madame m'a reproché
d'avoir dressé mon petit chien.
Elle ne peut le savoir de personne,
j'en suis sûre, sinon de l'homme
que j'aimais et qui m'a trahie ;
et il ne le lui aurait jamais dit
s'il n'était pas très intime avec elle,
et s'il ne l'aimait assurément
plus que moi qu'il a trahie.
Je vois bien qu'il ne m'aime pas,
puisqu'il ne respecte pas notre accord.

Douz Dieus! et je l'amoie tant
Comme riens peüst autre amer,
748 Qu'aillors ne pooie pensser
Nis une eure ne jor ne nuit!
Quar c'ert ma joie et mon deduit,
C'ert mes delis, c'ert mes depors,
752 C'ert mes solaz, c'ert mes confors.
Comment a lui me contenoie
De pensser, quant je nel veoie!
Ha! amis, dont est ce venu?
756 Que poez estre devenu,
Qui vers moi avez esté faus?
Je cuidoie que plus loiaus,
Me fussiez, se Dieus me conseut,
760 Que ne fu Tristans a Yseut;
Plus vous amoie la moitié,
Se Dieus ait ja de moi pitié,
Que ne fesoie moi meïsmes.
764 Onques avant ne puis ne primes
En penssé n'en dit ne en fet,
Ne fis ne poi ne grant mesfet
Par qoi me deüssiez haïr
768 Ne si vilainement trahir
Comme a noz amors depecier
Por autre amer et moi lessier,
Et descouvrir nostre conseil.
772 Hé! lasse! amis, mout me merveil,

90

Doux Seigneur, et moi qui l'aimais
autant qu'on peut aimer quelqu'un !
Je ne pouvais penser à rien d'autre
à toute heure du jour et de la nuit !
C'était ma joie et mon bonheur,
c'était ma volupté et mon ravissement,
c'était ma consolation et mon réconfort.
Comme je le suivais par la pensée
quand je ne le voyais pas !
Ah ! mon ami, comment est-ce arrivé ?
Qu'est-il advenu de vous
pour que vous me soyez infidèle ?
Je vous imaginais plus loyal
à mon égard, Dieu m'assiste !
que Tristan ne le fut envers Iseut.
Je vous aimais,
que Dieu me prenne en pitié !
deux fois plus que moi-même.
Jamais auparavant ni à aucun moment,
ni en pensée, ni en parole, ni en action,
je n'ai commis la moindre faute
qui dût me valoir votre haine
et cette ignoble trahison,
au point de détruire notre amour
pour en aimer une autre et me délaisser
en divulguant notre secret.
Hélas ! mon ami, je m'en étonne fort,

Que li miens cuers, si m'aït Dieus,
Ne fu onques vers vous itieus,
Quar, se tout le mont et neïs
776 Tout son ciel et son paradis
Me donast Dieus, pas nel preïsse
Par couvenant que vous perdisse,
Quar vous estiiez ma richece
780 Et ma santez et ma leece,
Ne riens grever ne me peüst
Tant comme mes las cuers seüst
Que li vostres de riens m'amast.
784 Ha! fine Amor! et qui penssast
Que cist feïst vers moi desroi,
Qui disoit, quant il ert o moi
Et je faisoie mon pooir
788 De fere trestout son voloir,
Qu'il ert toz miens et a sa dame
Me tenoit et de cors et d'ame?
Et le disoit si doucement
792 Que le creoie vraiement,
Ne je ne penssaisse a nul fuer
Qu'il peüst trover en son cuer
Envers moi corouz ne haïne,
796 Por duchoise ne por roïne;
Qu'a lui amer estoit si buen
Qu'a mon cuer prenoie le suen.
De lui me penssoie autressi

car jamais mes sentiments, Dieu merci,
ne prirent à votre égard un tel cours :
quand Dieu m'aurait donné la terre entière
et même tout son ciel et son paradis,
j'aurais refusé
s'il eût fallu vous perdre,
car vous étiez ma richesse
et ma force et mon bonheur,
et rien n'eût pu me blesser
tant que mon pauvre cœur eût su
que le vôtre avait pour moi quelque amour.
Ah ! parfait amour ! qui donc eût cru
qu'il m'infligeât cet outrage,
lui qui disait, quand il était avec moi,
et que de mon mieux je m'efforçais
de combler ses désirs,
qu'il était tout à moi et que corps et âme
il me tenait pour sa dame ?
Et il le disait si tendrement
que j'avais en lui toute confiance.
Pour rien au monde je n'aurais pensé
qu'il pût éprouver envers moi
du ressentiment ou de la haine
pour l'amour d'une duchesse ou d'une reine.
C'était si bon de l'aimer
que mon cœur ne faisait qu'un avec le sien.
Je croyais que lui aussi

800 Qu'il se tenoit a mon ami
Toute sa vie et son eage ;
Quar bien connois a mon corage,
S'avant morust, que tant l'amaisse
804 Que aprés lui petit duraisse :
Estre morte o lui me fust mieux
Que vivre si que de mes ieus
Ne le veïsse nule foiz.
808 Ha ! fine Amor ! est ce donc droiz
Que il a ainsi descouvert
Nostre conseil ? Dont il me pert,
Qu'a m'amor otroier li dis
812 Et bien en couvenant li mis
Que a cele eure me perdroit
Que nostre amor descouvreroit.
Et quant j'ai avant perdu lui,
816 Ne puis, aprés itel anui,
Que sanz lui por qui je me dueil
Ne puis vivre ne je ne vueil ;
Ne ma vie ne me plest point ;
820 Ainz pri Dieu que la mort me doinst,
Et que, tout aussi vraiement
Com je ai amé lëaument
Celui qui ce m'a porchacié,
824 Ait de l'ame de moi pitié,
Et a celui qui a son tort
M'a trahie et livree a mort

se considérait comme mon ami
pour toute sa vie.
Je sais bien, mon cœur me le dit,
que, s'il était mort avant moi,
je ne lui aurais guère survécu, tant je l'aimais,
j'aurais préféré mourir avec lui
que vivre sans que mes yeux
le vissent jamais.
Ah! parfait amour! est-il juste
qu'il ait ainsi divulgué notre secret?
C'est pourquoi il me perd,
car en lui accordant mon amour
je mis comme condition
qu'il me perdrait dès l'instant
où il dévoilerait notre amour.
Puisque la première, je l'ai perdu,
je n'ai plus de force, après un tel malheur,
car, sans lui à qui je dois ce tourment,
je ne puis vivre, je ne le veux pas.
La vie n'a plus d'attraits pour moi;
mais je prie Dieu de m'accorder la mort
et, au nom de l'amour
loyal que j'ai porté
à celui qui m'a causé ce mal,
je le prie d'avoir pitié de mon âme
et de combler d'honneurs celui qui injustement
m'a trahie et livrée à la mort;

Doinst honor, et je li pardon.
828 Ne ma mort n'est se douce non,
      Ce m'est avis, quant de lui vient ;
      Et quant de s'amor me sovient
      Por lui morir ne m'est pas paine. »
832 Atant se tut la chastelaine,
      Fors qu'ele dist en souspirant :
      « Douz amis, a Dieu vous commant ! »
      A cest mot de ses braz s'estraint,
836 Li cuers li faut, li vis li taint ;
      Angoisseusement s'est pasmee,
      Et gist pale et descoloree
      En mi le lit, morte sanz vie.

840 Més ses amis ne le set mie
      Qui se deduisoit en la sale
      A la carole et dansse et bale ;
      Més ne li plest riens qu'il i voie,
844 Quant cele a cui son cuer s'otroie
      N'i voit point, dont mout se merveille ;
      Si a dit au duc en l'oreille :
      « Sire, qu'est ce que vostre niece
848 Est demoree si grant piece
      Que n'est aus caroles venue ?
      Ne sai se l'avez mise en mue. »
      Et li dus la carole esgarde,
852 Qui de ce ne s'estoit pris garde.

96

pour ma part, je lui pardonne.
Et la mort n'est que douceur
à mes yeux, puisqu'elle vient de lui ;
au souvenir de son amour,
mourir pour lui ne me fait pas souffrir. »
Alors la châtelaine se tut,
disant seulement dans un soupir :
« Cher ami, je vous recommande à Dieu. »
À ces mots, elle serre ses bras sur sa poitrine,
le cœur lui manque, son teint blêmit.
De douleur elle s'évanouit,
elle gît pâle, livide, en travers du lit,
morte ; la vie l'a quittée.

Or son ami ignore tout
et se divertit dans la grand-salle,
prenant part aux danses et aux farandoles.
Mais rien de ce qu'il voit ne lui plaît,
puisqu'il ne voit pas celle qui possède son cœur,
et il en est fort étonné.
Il glisse alors à l'oreille du duc :
« Seigneur, pourquoi donc votre nièce
a-t-elle tant tardé
à venir danser ?
Ne l'auriez-vous pas mise en cage ? »
Le duc jette un regard sur le bal,
il n'avait rien remarqué.

Celui a soi par la main trait,
Et droit en la chambre s'en vait ;
Et quant ilueques ne la trueve,
856 Au chevalier commande et rueve
Qu'en la garderobe la quiere,
Quar il le veut en tele maniere
Por leenz entr'eus solacier
860 Com d'acoler et de besier.
Et cil, qui li en sot hauz grez,
Est en la garderobe entrez
Ou s'amie gisoit enverse
864 El lit, descoloree et perse.
Cil maintenant l'acole et baise,
Qui bien en ot et lieu et aise ;
Més la bouche a trovee froide
868 Et partout bien pale et bien roide,
Et au samblant que li cors moustre
Voit bien qu'ele est morte tout outre.
Tantost toz esbahiz s'escrie :
872 « Qu'est ce ? las ! est morte m'amie ? »
Et la pucele sailli sus
Qui aus piez du lit gisoit jus,
Et dist : « Sire, ce croi je bien
876 Qu'ele soit morte, qu'autre rien
Ne demanda puis que vint ci,
Por le corouz de son ami

878. Fors le corouz.

98

Il prend le chevalier par la main
et s'en va droit dans la chambre.
N'y trouvant pas sa nièce,
il demande au chevalier
de la chercher dans la petite chambre,
car il veut ainsi
leur donner la joie
de s'enlacer et de s'embrasser.
Le chevalier, plein de reconnaissance,
est entré dans la pièce
où son amie gisait à la renverse
sur le lit, blême et livide.
Il l'étreint aussitôt, l'embrasse
comme le lieu et le temps le permettent.
Mais il a trouvé sa bouche froide,
tout son corps est pâle et raidi,
et à son apparence, il constate
qu'elle est morte, sans recours.
Alors, frappé de frayeur, il s'écrie :
« Quoi ? Hélas ! mon amie est-elle morte ? »
Et la jeune fille, qui était couchée
au pied du lit, se releva.
« Seigneur, dit-elle, je crois bien
qu'elle est morte, car c'est le seul désir
qu'elle exprima depuis qu'elle entra ici,
désespérée à cause de son ami

Dont ma dame l'ataïna
880 Et d'un chienet la ramposna,
Dont li corouz li vint morteus. »
Et quant cil entent les mos teus
Que ce qu'il dist au duc l'a morte,
884 Sanz mesure se desconforte :
« Ha ! las ! dist il, ma douce amor,
La plus cortoise et la meillor
C'onques fust et la plus loial,
888 Comme trichierres desloial
Vous ai morte ! Si fust droiture
Que sor moi tornast l'aventure,
Si que vous n'en eüssiez mal ;
892 Més cuer aviez si loial
Que sor vous l'avez avant prise.
Més je ferai de moi justise
Por la trahison que j'ai fete. »
896 Une espee du fuerre a trete
Qui ert pendue a un espuer,
Et s'en feri par mi le cuer :
Cheoir se lest sor l'autre cors ;
900 Tant a sainié que il est mors.

Et la pucele est hors saillie,
Quant ele vit les cors sanz vie :
Hidor ot de ce que les vit.
904 Au duc qu'ele encontra a dit

dont la duchesse lui a fait reproche,
se moquant d'elle pour un petit chien,
et cette douleur lui fut fatale. »
À ces mots, le chevalier comprit
que ses confidences au duc l'ont tuée ;
son affliction est alors sans bornes :
« Hélas ! fait-il, mon doux amour,
vous la plus parfaite, la meilleure
qui fût jamais, vous la plus fidèle,
c'est moi, perfide, infidèle,
qui vous ai tuée ! Il eût été juste
que ce malheur retombât sur moi
et que vous n'en souffriez pas ;
mais vous aviez le cœur si loyal
que vous l'avez affronté la première.
Aussi ferai-je justice de moi-même
pour la trahison que j'ai commise. »
Il a tiré du fourreau une épée
suspendue à une poutre
et s'en frappe en plein cœur.
Il se laisse tomber sur l'autre corps,
il a tant perdu de sang qu'il en meurt.

À la vue de ces corps sans vie,
la fillette s'élança au-dehors,
horrifiée par ce spectacle.
Au duc qu'elle rencontre, elle raconta

Ce qu'ele a oï et veü,
Si qu'ele n'i a riens teü,
Comment l'afere ert commencié,
908 Neïs du chienet afetié
Dont la duchoise avoit parlé.
Ez vous le duc adonc dervé.
Tout maintenant en la chambre entre,
912 Au chevalier trest fors du ventre
L'espee dont s'estoit ocis;
Tantost s'est a la voie mis
Grant oirre droit a la carole,
916 Sanz plus tenir longue parole,
De maintenant a la duchesse,
Se li a rendu sa promesse,
Que el chief li a embatue
920 L'espee que il tenoit nue,
Sanz parler, tant estoit iriez.
La duchoise chiet a ses piez,
Voiant toz ceus de la contree :
924 Donc fu la feste mout troublee
Des chevaliers qui la estoient,
Qui grant joie menee avoient.
Et li dus trestout ausi tost,
928 Oiant toz, qui oïr le vost,
Dist tout l'afere en mi la cort.
Lors n'i a celui qui n'en plort,
Et nommeement quant il voient

102

ce qu'elle avait vu et entendu,
sans rien cacher,
ni le début du drame,
ni le petit chien dressé
dont la duchesse avait parlé.
Voilà le duc hors de lui,
il pénètre aussitôt dans la petite chambre
et retire de la poitrine du chevalier
l'épée dont il s'était tué.
Sans tarder, il marche
à grands pas vers les danseurs,
et, sans parler davantage,
se précipite sur la duchesse.
Tenant sa promesse,
il lui abattit sur la tête
l'épée qu'il tenait nue,
sans un mot, tant il était furieux.
La duchesse s'écroula à ses pieds,
sous les regards de tous les seigneurs du pays.
La fête en fut bouleversée
pour les chevaliers présents
qui s'en étaient donné à cœur joie.
Le duc, immédiatement,
devant tous ceux qui voulaient l'entendre,
narre toute l'affaire en pleine cour.
Il n'est alors personne qui ne pleure,
surtout en voyant morts

932   *Les deus amanz qui mort estoient,*
     Et la duchoise d'autre part ;
     A duel et a corouz depart
     La cort et a meschief vilain.
936   *Li dus enterrer l'endemain*
     Fist les amanz en un sarqueu,
     Et la duchoise en autre leu ;
     Més de l'aventure ot tel ire
940   *C'onques puis ne l'oï on rire ;*
     Errant se croisa d'outre mer,
     Ou il ala sanz retorner,
     Si devint ilueques templier.

944   *A ! Dieus ! trestout cest encombrier*
     Et cest meschief por ce avint
     Qu'au chevalier tant mesavint
     Qu'il dist ce que celer devoit
948   *Et que desfendu li avoit*
     S'amie qu'il ne le deïst,
     Tant com s'amor avoir vousist.
     Et par cest example doit l'en
952   *S'amor celer par si grant sen*
     C'on ait toz jors en remembrance
     Que li descouvrirs riens n'avance
     Et li celers en toz poins vaut.

933. Et la pucele.

les deux amants
et, à part, la duchesse.
C'est dans la douleur et l'affliction
que la cour se sépara après ce cruel drame.
Le lendemain, le duc fit enterrer
Les amants dans un même cercueil,
et la duchesse en un autre lieu.
Mais ce malheur l'affligea tant
que jamais plus on ne l'entendit rire.
Aussitôt il prit la croix pour l'outre-mer
d'où il ne revint jamais ;
là-bas, il se fit templier.

Ah ! Dieu, toute cette tragédie,
cette infortune vinrent de la malchance
qu'eut le chevalier quand il révéla
ce qu'il devait taire
et que son amie lui avait interdit
de dire, tant qu'il voudrait
conserver son amour.
Cet exemple nous montre
qu'il faut cacher ses amours avec grand soin,
en gardant toujours en mémoire
qu'on ne gagne rien à les découvrir
et qu'en tout point le secret est préférable.

956 *Qui si le fet, ne crient assaut*
Des faus felons enquereors
Qui enquierent autrui amors.

EXPLICIT LA CHASTELAINE DE VERGI.

À agir ainsi, on ne craint point l'assaut
des fourbes indiscrets qui
sont à l'affût des amours d'autrui.

AINSI S'ACHÈVE *LA CHÂTELAINE DE VERGY*

LES RÉÉCRITURES DU TEXTE

I

De *La Châtelaine de Vergy* à l'*Heptaméron*.

Il reste du texte original une vingtaine de manuscrits qui s'échelonnent entre la fin du XIIIᵉ siècle et le XVᵉ siècle [1]*, et le couple malheureux a été cité à la même époque à plusieurs reprises* [2].

À la fin du XVᵉ siècle apparaissent deux nouvelles versions du texte. L'une est une mise en prose, L'Istoire de la Chastelaine du Vergier et de Tristan le chevalier [3], *qui dilue le texte en multipliant les explications et les détails concrets, en donnant un tour réaliste à l'aventure, autour d'une idée centrale : la loyauté en amour est détruite par les conventions de la perfide Cour Amoureuse (est-ce la cour de Bourgogne ?). L'autre, qui a disparu, était semble-t-il une mise en théâtre,* La Chastellene du Vergier, *dont nous avons, vers 1540, une seconde version,* La Chastelaine du Vergier. Livre d'amours du chevalier et de la dame chastellaine du Vergier [4].

*Mais le texte le plus connu est celui de Marguerite de Navarre, la soixante-dixième nouvelle de l'*Heptaméron *(1559), qu'Oisille hésite à raconter à cause de sa longueur et de son ancienneté* [5]*. Nous reproduisons ce texte* [6] *d'après l'excellente édition critique de Renja*

Salminen, Marguerite de Navarre, Heptaméron *(Helsinki, Suomakinen Tiedeakatemia, 1991, pp. 317-331),* *dont nous modernisons l'orthographe.*

« Je suis de votre opinion, dit Dagoucin, mais ces seigneurs ici ne le veulent entendre ni confesser. Je pense que, si l'amour réciproque ne contente pas une femme, un mari seul ne la contentera pas : car ne vivant de l'honnête amour des femmes, faut qu'elle soit tentée de l'insatiable concupiscence des bêtes. — Vraiment, dit Oisille, vous me faites souvenir d'une dame belle et bien mariée qui, par faute de vivre de cette honnête amitié, devint plus charnelle que les pourceaux et plus cruelle que les lions. — Je vous requiers, madame, ce lui dit Simontaut, pour mettre fin à cette Journée, la nous vouloir conter. — Je ne puis, dit Oisille, pour deux raisons : l'une pour sa grande longueur ; l'autre pource que ce n'est pas de notre temps ; et si a été écrite par un auteur qui est bien croyable, et nous avons juré ne rien mettre ici qui ait été écrit. — Il est vrai, dit Parlamente, mais, me doutant du conte que c'est, il a été écrit en si vieux langage que je crois que, hormis nous deux, il n'y a ici homme ni femme qui en ait ouï parler ; parquoi sera tenu pour nouveau. » Et à sa parole toute la compagnie la pria de la vouloir dire, et qu'elle n'eût crainte de la longueur, car encore une bonne heure pouvait la compagnie demeurer avant vêpres. Mme Oisille à leur requête commença ainsi :

En la duché de Bourgogne y avait un duc très honnête et beau prince, ayant épousé une femme dont la beauté le contentait si fort qu'elle lui faisait ignorer ses conditions, tant qu'il ne regardait qu'à lui complaire. Ce qu'elle feignait très bien lui rendre. Or avait le duc en sa maison un gentilhomme tant accompli de toutes les perfections que l'on peut demander à l'homme qu'il était de tous aimé, et principalement du duc qui d'enfance l'avait nourri près de sa personne. Et le voyant si bien conditionné l'aimait parfaitement, et se confiait en lui de toutes les affaires que selon son âge il pouvait entendre. La duchesse, qui n'avait pas le cœur de femme et princesse vertueuse, ne se contentant de l'amour que son mari lui portait et du bon traitement qu'elle avait de lui, regardait souvent ce gentilhomme, et le trouvait tant à son gré qu'elle l'aimait outre toute raison. Ce qu'à toute heure mettait peine de lui faire entendre, tant par regards piteux et doux que par soupirs et contenances passionnées. Mais le gentilhomme, qui jamais n'avait étudié qu'à la vertu, ne pouvait connaître le vice en une dame qui en avait si peu d'occasion. Tellement que les œillades et mines de cette pauvre folle n'apportaient autre fruit qu'un furieux désespoir, lequel un jour la pressa tant qu'oubliant qu'elle était femme qui devait être priée et refuser, princesse qui devait être adorée, dédaignant tels serviteurs, prit le cœur d'un homme transporté pour décharger le feu qui lui était importable. Et ainsi que son mari allait au conseil, où le gentilhomme pour sa jeunesse n'entrait point, lui fit signe qu'il vînt devers elle ; ce qu'il fit, pensant qu'elle eût à lui commander quelque chose. Mais en s'appuyant sur son bras, comme femme lasse de trop de repos, le mena promener en une galerie, où elle lui dit : « Je m'ébahis de vous, qui êtes tant beau, jeune et plein de toute bonne grâce, comme vous avez vécu en cette compagnie où il y a si grand nombre de belles dames sans que jamais vous ayez été amoureux ou serviteur d'aucune. » Et en le regardant du meilleur œil qu'elle pouvait, se tut pour lui donner lieu de dire : « Madame, si j'étais digne que votre hautesse se pût abaisser à penser en moi, ce vous serait plus d'occasion d'ébahissement de voir un homme si indigne d'être aimé que moi présenter son service pour en rapporter un refus ou moquerie. » La duchesse, voyant cette sage réponse, l'aima plus fort que pardevant, et lui jura qu'il n'y avait dame en sa cour qui ne fût trop heureuse d'avoir un tel serviteur, et qu'il se pouvait bien essayer à telle aventure, car sans péril il en saillirait à son honneur. Le gentilhomme tenait toujours les yeux baissés, n'osant regarder ses contenances qui étaient ardentes pour faire brûler une glace. Et ainsi qu'il voulait encore s'excuser, le duc demanda la duchesse pour quelque affaire au conseil qui lui touchait, où avec grand regret elle alla. Mais le gentilhomme ne fit jamais un seul semblant d'avoir entendu parole qu'elle lui eût dite, dont elle était si troublée et fâchée qu'elle ne savait à qui donner le tort de son ennui, sinon à la sotte crainte dont elle estimait le gentilhomme trop plein.

Peu de jours après, voyant qu'il n'entendait point son langage, se délibéra de ne regarder crainte ni honte, mais lui déclarer sa fantaisie, se tenant sûre qu'une telle beauté que la sienne ne pouvait être que bien reçue. Mais elle eût bien désiré d'avoir l'honneur d'être priée. Toutefois laissa l'honneur à part pour le plaisir, et, après avoir tenté par plusieurs fois de lui tenir semblable propos que le premier, et n'y trouvant nulle réponse à son gré, le tira un jour par la manche et lui dit qu'elle avait à parler à lui d'affaire d'importance. Le gentilhomme, avec l'humilité et révérence qu'il lui devait, s'en va devers elle en une profonde fenêtre où elle s'était retirée. Et quand elle vit que nul de la chambre ne la pouvait voir, avec une voix tremblante, contrainte entre le désir et la crainte, lui va continuer les premiers propos, le reprenant de ce qu'il n'avait encore choisi quelque dame en sa compagnie, l'assurant que, en quelque lieu que ce fût, lui aiderait d'avoir bon traitement. Le gentilhomme, non moins fâché qu'étonné de ces paroles, lui répondit : « Madame, j'ai le cœur si bon que, si j'étais une fois refusé, je n'aurais jamais joie en ce monde ; et je me sens tel qu'il n'y a dame en cette cour qui daignât accepter mon service. » La duchesse, rougissant, pensant qu'il ne tenait plus à rien qu'il ne fût vaincu, lui jura que, s'il voulait, elle savait la plus belle dame de sa compagnie qui le recevrait à grand joie, dont il aurait parfait contentement. « Hélas, Madame, dit-il, je ne crois pas qu'il y ait si malheureuse et aveuglée femme en cette honnête compagnie qui m'ait trouvé à son gré ! » La duchesse, voyant qu'il ne la voulait entendre, lui va entrouvrir le voile de sa passion. Et, pour la crainte que lui donnait

115

la vertu du gentilhomme, parla par manière d'interrogation, lui disant : « Si Fortune vous avait tant favorisé que ce fût moi qui vous portât cette bonne volonté, que diriez-vous ? » Le gentilhomme, qui pensait songer d'ouïr une telle parole, lui dit, le genou à terre : « Madame, quand Dieu me fera la grâce d'avoir celle du duc mon maître et de vous, je me tiendrai le plus heureux du monde, car c'est la récompense que je demande de mon loyal service, comme celui qui plus que nul autre est obligé à mettre la vie pour le service de vous deux ; étant sûr, Madame, que l'amour que vous portez à mondit seigneur est accompagnée de telle chasteté et grandeur que, non pas moi qui ne suis qu'un ver de terre, mais le plus grand prince et parfait homme que l'on saurait trouver ne pourrait empêcher l'union de vous et de mondit seigneur. Et quant à moi, il m'a nourri dès mon enfance et m'a fait tel que je suis, parquoi il ne saurait avoir femme, fille, sœur ne mère desquelles, pour mourir, je voulusse avoir autre pensée que doit à son maître un loyal et fidèle serviteur. » La duchesse ne le laissa pas passer outre. Voyant qu'elle était en danger d'un refus déshonorable, lui rompit soudain son propos en lui disant : « Ô méchant, glorieux et fou ! et qui est-ce qui vous en prie ? Vous cuidez, par votre beauté, être aimé des mouches qui volent ! Mais si vous étiez si outrecuidé de vous adresser à moi, je vous montrerais que je n'aime ni ne veux aimer autre que mon mari ! Et les propos que je vous ai tenus n'ont été que pour passer mon temps à savoir de vos nouvelles, et m'en moquer comme je fais des sots amoureux ! — Madame, dit le gentilhomme, je l'ai cru et crois comme vous le dites. » Lors, sans l'écouter

116

plus avant, s'en alla hâtivement en sa chambre, et voyant qu'elle était suivie de ses dames, entra seule dans son cabinet où elle fit un deuil qui ne se peut raconter. Car d'un côté l'amour où elle avait failli lui donnait une tristesse mortelle ; d'autre côté le dépit, tant contre elle d'avoir commencé un si sot propos que contre lui d'avoir tant sagement répondu, la mettait en une telle furie qu'une heure se voulait défaire, l'autre elle voulait vivre pour se venger de celui qu'elle tenait pour son mortel ennemi.

Après qu'elle eut longuement pleuré, feignit d'être malade pour n'aller point au souper du duc, auquel ordinairement le gentilhomme servait. Le duc, qui plus aimait sa femme que lui-même, la vint visiter. Mais pour mieux venir à la fin qu'elle prétendait, lui dit qu'elle pensait être grosse, et que sa grossesse[1] lui avait fait tomber un rhume sur les yeux, dont elle était en fort grande peine. Ainsi passèrent deux ou trois jours que la duchesse garda le lit, tant triste et mélancolique que le duc pensa bien qu'il y avait autre chose que sa grossesse, qui le fit venir la nuit coucher avec elle ; et lui faisant toutes les bonnes chères[2] qu'il lui était possible, connaissait qu'il n'empêchait en rien ses continuels soupirs. Parquoi il lui dit : « M'amie, vous savez que je vous porte autant d'amour qu'à ma propre vie et que, défaillant la vôtre, la mienne ne peut durer. Parquoi, si vous voulez conserver ma santé, je vous prie, dites-moi la cause qui vous fait ainsi soupirer. Car je ne puis croire que tel mal vous vienne seulement de la grossesse. » La duchesse, voyant son mari tel envers elle qu'elle l'eût su demander, pensa qu'il était temps de se venger de son dépit. Et en

embrassant son bon mari, se prit à pleurer, lui disant :
« Hélas, Monseigneur, le plus grand mal que j'aie,
c'est de vous voir trompé de ceux qui sont tant obligés
à garder votre bien et honneur. » Le duc, entendant
cette parole, eut grand désir de savoir pourquoi elle lui
disait ce propos, et la pria fort de lui en déclarer sans
crainte toute la vérité. Et après lui en avoir fait
plusieurs refus, lui dit : « Je ne m'ébahirai jamais,
Monsieur, si les étrangers font la guerre aux princes,
quand ceux qui sont les plus obligés l'osent entreprendre si cruelle que la perte des biens n'est rien au prix.
Je le dis, Monseigneur, pour un tel gentilhomme
(nommant celui qu'elle haïssait), lequel, étant nourri
de votre main, élevé et traité plus en parent et en fils
qu'en serviteur, a osé entreprendre chose si cruelle et
misérable que de pourchasser à faire perdre l'honneur
de votre femme où gît celui de votre maison et de vos
enfants. Et combien que longuement m'ait fait des
mines tendant à sa méchante intention, si est-ce que
mon cœur, qui n'a regard qu'à vous, n'y pouvait rien
entendre. Dont à la fin s'est déclaré par parole. À quoi
je lui ai fait telle réponse que mon état et ma chasteté
doit. Ce néanmoins, je lui porte telle haine que je ne le
puis regarder, qui est la cause de m'avoir fait demeurer
en ma chambre et perdre le bien de votre compagnie,
vous suppliant, Monsieur, ne tenir une telle peste
auprès de votre personne. Car après un tel crime,
craignant que je le vous dise, pourrait bien entreprendre pis. Voilà, Monsieur, la cause de ma douleur, qui
me semble être très juste et digne que promptement
vous plaise y donner ordre. » Le duc, qui d'un côté
aimait sa femme et se sentait fort injurié, d'autre côté,

118

aimant son serviteur, duquel il avait tant expérimenté la fidélité qu'à peine pouvait-il croire cette mensonge être vérité, fut en grande peine. Et rempli de colère, s'en alla en sa chambre, et manda au gentilhomme qu'il n'eût plus à se trouver devant lui, mais se retirât en son logis pour quelque temps.

Le gentilhomme, ignorant de cette occasion, fut tant ennuyé qu'il n'était possible de plus, sachant avoir mérité le contraire d'un si mauvais traitement. Et comme celui qui était assuré de son cœur et de ses œuvres, envoya un sien compagnon parler au duc et porter une lettre le suppliant très humblement que, si par mauvais rapport il était éloigné de sa présence, il lui plût suspendre son jugement jusqu'après avoir entendu de lui la vérité du fait, et qu'il trouverait qu'en nulle sorte il ne l'avait offensé. Voyant cette lettre, le duc rapaisa un peu sa colère et secrètement l'envoya quérir en sa chambre ; auquel il dit d'un visage furieux : « Je n'eusse jamais pensé que la peine que j'ai prise de vous nourrir comme enfant se dût convertir en repentance de vous avoir tant avancé, vu que vous m'avez pourchassé ce qui m'a été plus dommageable que la perte de la vie et des biens, d'avoir voulu toucher à l'honneur de celle qui est la moitié de moi, pour rendre ma maison et ma lignée infâme à jamais. Vous pouvez penser que telle injure me touche si avant au cœur que, si ce n'était la doute que je fais s'il est vrai ou non, vous fussiez déjà au fond de l'eau, pour vous rendre en secret la punition du mal qu'en secret vous m'avez pourchassé. » Le gentilhomme ne fut point étonné de ces propos, car son innocence le faisait constamment parler. Et le suppliait lui vouloir dire qui

119

était son accusateur, car telles paroles se devaient plus justifier avec la lance qu'avec la langue. « Votre accusateur, lui dit le duc, ne porte point autres armes que sa chasteté, vous assurant que nul que ma femme même ne le m'a déclaré, me priant la venger de vous. » Le pauvre gentilhomme, voyant la très grande malice de la dame, ne la voulut toutefois accuser, mais répondit : « Monseigneur, Madame peut dire ce qu'il lui plaît. Vous la connaissez mieux que moi, et savez si jamais je l'ai vue hors de votre compagnie, sinon une fois qu'elle parla bien peu à moi. Vous avez aussi bon jugement que prince qui soit en la Chrétienté, parquoi je vous supplie, Monseigneur, juger si jamais vous avez vu en moi contenance qui vous ait pu engendrer quelque soupçon : si est-ce un feu qui ne se peut tant longuement couvrir que quelque fois ne soit connu de ceux qui ont eu pareille maladie. Vous suppliant aussi, Monseigneur, croire deux choses de moi : l'une, que je vous suis si loyal que, quand Madame votre femme serait la plus belle créature du monde, si n'aurait amour la puissance de mettre tache à mon honneur et fidélité ; l'autre, c'est que, quand elle ne serait point votre femme, c'est celle que je vis onques dont je serais aussi peu amoureux ; et y en a d'autres assez où je mettrais plutôt ma fantaisie. » Le duc commença à s'adoucir, oyant ce véritable propos, et lui dit : « Je vous assure qu'aussi je ne l'ai pu croire. Parquoi, faites comme vous avez accoutumé, vous assurant que, si je connais la vérité de votre côté, je vous aimerai mieux que je ne fis onques ; aussi, par le contraire, votre vie est en ma main. » Dont le gentilhomme le mercia, se soumettant à toute preuve et punition s'il était trouvé coupable.

La duchesse, voyant le gentilhomme servir comme il avait accoutumé, ne le put porter en patience, mais dit à son mari : « Ce serait bien employé, Monsieur, si vous étiez empoisonné, vu que vous avez plus de fiance en vos ennemis mortels qu'en vos amis. — Je vous prie, m'amie, dit le duc, ne vous tourmentez point de cette affaire, car si je connais que ce que vous m'avez dit soit vrai, je vous assure qu'il ne demeurera pas en vie vingt-quatre heures ; mais il m'a tant juré le contraire, vu aussi que jamais je ne m'en suis aperçu, que je ne le puis croire sans plus grande preuve. — En bonne foi, Monsieur, lui dit-elle, votre bonté rend sa méchanceté plus grande. Voulez-vous plus grande preuve que de voir un homme tel que lui sans jamais avoir bruit d'être amoureux ? Croyez, Monsieur, que sans la haute entreprise qu'il avait mise en sa tête de me servir, il n'eût tant demeuré à trouver maîtresse, car onques jeune homme ne vécut en si bonne compagnie ainsi solitaire qu'il fait, sinon qu'il ait le cœur en si haut lieu qu'il se contente de sa vaine espérance. Et puisque vous pensez qu'il ne vous cèle nulle vérité, je vous supplie, mettez-le à serment de son amour car, s'il en aime une autre, je suis contente que vous le croyiez ; et sinon, pensez que je dis vérité. »

Le duc trouva les raisons de sa femme très bonnes, et mena le gentilhomme aux champs[1], auquel il dit : « Ma femme continue toujours son opinion et m'a allégué une raison qui me cause un grand soupçon contre vous : c'est que l'on s'ébahit que vous, étant si honnête et jeune, n'avez jamais aimé que l'on ait su ; qui me fait penser que vous avez l'opinion qu'elle dit, de laquelle l'espérance vous rend si content que vous ne pouvez penser en nulle autre femme. Parquoi je vous prie, comme ami, et commande, comme maître, que vous ayez à me dire si vous êtes serviteur de nulle dame de ce monde. » Le pauvre gentilhomme, combien qu'il eût voulu dissimuler son affection autant qu'il tenait chère sa vie, fut contraint, voyant la jalousie de son maître, de lui jurer que véritablement il en aimait une, de laquelle la beauté était telle que celle de la duchesse ni de toute sa compagnie n'était que laideur au prix, lui suppliant de ne le contraindre jamais de la lui nommer, car l'accord de lui et de s'amie était de telle sorte qu'il ne se pouvait rompre sinon par celui qui premier le déclarerait. Le duc lui promit de ne l'en presser point, et fut tant content de lui qu'il lui fit meilleure chère qu'il n'avait point encore fait. Dont la duchesse s'aperçut très bien et, usant de sa finesse accoutumée, mit peine d'entendre l'occasion. Ce que le duc ne lui cela ; dont, avec sa vengeance, s'engendra une forte jalousie, qui la fit supplier le duc de commander au gentilhomme de lui nommer cette amitié, l'assurant que c'était une mensonge, et le meilleur moyen que l'on pourrait trouver pour l'assurer de son dire ; mais que, s'il ne lui nommait celle qu'il estimait tant belle, il était le plus sot prince du monde s'il ajoutait foi à sa parole.

Le pauvre duc, duquel la femme tournait l'opinion comme il lui plaisait, s'alla promener tout seul avec ce gentilhomme, lui disant qu'il était encore en plus grande peine qu'il n'avait été, car il se doutait fort qu'il lui avait baillé une excuse pour le garder de soupçonner la vérité ; qui le tourmentait plus que jamais parquoi lui pria autant qu'il était possible de lui déclarer celle qu'il aimait si fort. Le pauvre gentil-homme le supplia de ne lui faire faire une telle faute envers celle qu'il aimait, que de lui rompre une promesse qu'il avait tenue si longtemps, et de lui faire perdre en un jour ce qu'il avait conservé plus de sept ans ; et qu'il aimait mieux endurer la mort que de faire un tel tort à celle qui lui était si loyale. Le duc, voyant qu'il ne lui voulait dire, entra en une si forte jalousie qu'avec un visage furieux lui dit : « Or choisissez de deux choses l'une : ou de me dire celle que vous aimez plus que toutes, ou de vous en aller banni des terres où j'ai l'autorité, à la charge que, si je vous y trouve huit jours passés, je vous ferai mourir de cruelle mort. » Si jamais douleur saisit cœur de loyal serviteur, elle prit celui de ce pauvre gentilhomme, lequel pouvait bien dire : « *Angustiae sunt mihi undique*[1] », car d'un côté il voyait qu'en disant vérité il perdait s'amie, si elle savait que par sa faute lui faillît de promesse ; aussi, en ne la confessant, il était banni du pays où elle demeurait et n'avait plus de moyen de la voir. Ainsi, pressé des deux côtés, lui vint une sueur froide comme celui qui par tristesse approchait de la mort. Le duc, voyant sa contenance, jugea qu'il n'aimait nulle dame fors que la sienne, et que, pour n'en pouvoir nommer d'autre, il endurait telle passion. Parquoi lui dit assez rudement : « Si votre dire était véritable, vous n'auriez tant de peine à le me déclarer ; mais j'ai peur que votre offense vous tourmente. »

Le gentilhomme, piqué de cette parole et poussé de l'amour qu'il lui portait, se délibéra de lui dire la vérité, se confiant que son maître était tant homme de bien que pour rien ne le voudrait révéler. Et, se mettant à genoux devant lui, et les mains jointes, lui dit : « Monseigneur, l'obligation que j'ai à vous et la grande amour que je vous porte me force plus que la peur de nulle mort, car je vous vois telle fantaisie et si fausse opinion de moi que, pour vous ôter d'une si grande peine, je suis délibéré de faire ce que pour nul tourment je n'eusse fait ; vous suppliant, Monseigneur, en l'honneur de Dieu me jurer et promettre en foi de prince et de chrétien que jamais vous ne révélerez le secret que, puisqu'il vous plaît, je suis contraint de dire. » À l'heure le duc lui jura tous les serments dont il se put aviser de jamais à créature du monde n'en révéler rien, ni par paroles, ni par écrit, ni par contenance. Le gentilhomme, se tenant assuré d'un si vertueux prince comme il le connaissait, alla bâtir le commencement de son malheur en lui disant : « Il y a sept ans passés, Monseigneur, qu'ayant connu votre nièce, Madame du Vergy, être veuve et sans parti, mis peine d'acquérir sa bonne grâce. Et pource que je n'étais de maison pour l'épouser, je me contentais d'être reçu pour serviteur, ce que j'ai été. Et a voulu Dieu que notre affaire jusqu'ici s'est conduit si sagement que jamais homme ni femme qu'elle et moi n'en a rien entendu, sinon maintenant vous, Monseigneur, entre les mains duquel je mets ma vie et mon honneur ; vous suppliant le tenir secret et n'en avoir en moindre estime madame votre nièce, car je ne pense sous le ciel une plus parfaite créature. » Qui fut bien aise, ce fut le duc ; car, connaissant la très grande beauté de sa nièce, ne douta point qu'elle ne fût plus agréable que sa femme. Mais ne pouvant entendre qu'un tel mystère se pût conduire sans moyen, le pria de lui dire comment il la pouvait voir. Le gentilhomme lui conta comme la chambre de sa dame saillait dans un jardin, et que, le jour qu'il y devait aller, on laissait une petite porte ouverte par où il entrait à pied, jusqu'à ce qu'il ouït japper un petit chien que sa dame laissait aller au jardin quand toutes ses femmes étaient retirées. Et à l'heure il s'en allait parler à elle en sa chambre toute la nuit. Et au partir, lui assignait le jour qu'il devait retourner, où, sans trop grande excuse, il n'avait encore failli.

Le duc, qui était le plus curieux homme du monde, et qui en son temps avait fort bien mené l'amour, tant pour satisfaire à son soupçon que pour entendre une si étrange histoire, le pria de le vouloir mener avec lui la première fois qu'il irait, non comme maître, mais comme compagnon. Le gentilhomme, pour en être si avant, lui accorda et lui dit comme ce soir-là même était son assignation. Dont le duc fut plus aise que s'il eût gagné un royaume. Et feignant s'en aller reposer en sa garde-robe, fit venir deux chevaux pour lui et pour le gentilhomme, et toute la nuit se mirent en chemin pour aller, depuis Argilly[1] où le duc demeurait, jusqu'au Vergy. Et laissant leurs chevaux hors de la clôture, le gentilhomme fit entrer le duc au jardin par le petit huis, le priant demeurer derrière un gros noyer, duquel lieu pourrait voir s'il disait vrai ou non. Ils n'eurent guère demeuré au jardin que le petit chien commença à japper, et le gentilhomme marcha devers la tour où sa dame ne faillit de venir au-devant de lui. Et le saluant et embrassant, lui dit qu'il lui semblait avoir été mille ans sans le voir. Et à l'heure entrèrent dans la chambre, et fermèrent la porte sur eux. Le duc, ayant vu tout ce mystère, se tint pour plus que satisfait, et attendit là, non trop longuement, car le gentilhomme dit à sa dame qu'il était contraint de retourner plus tôt qu'il n'avait accoutumé, pource que le duc devait aller dès quatre heures à la chasse, où il n'osait faillir. La dame, qui plus aimait son honneur que son plaisir, ne le voulut retarder de faire son devoir, car la chose que plus elle estimait en leur honnête amitié, c'était qu'elle était secrète devant tous les hommes. Ainsi partit le gentilhomme environ une heure après minuit, et sa dame, toute en manteau et en couvre-chef, le conduisit, non si loin qu'elle voulait, car il la contraignit de retourner, de peur qu'elle trouvât le duc. Avec lequel il monta à cheval et s'en retournèrent au château d'Argilly. Et par les chemins le duc incessamment jurait au gentilhomme mieux aimer mourir que de jamais révéler son secret. Et prit une telle fiance et amour à lui qu'il n'y en avait nul à sa cour qui fût plus en sa bonne grâce, dont la duchesse devint toute enragée. Mais le duc lui défendit de jamais plus ne lui en parler, et qu'il en savait la vérité, dont il se tenait content, car la dame qu'il aimait était plus aimable qu'elle.

Cette parole navra si avant le cœur de la duchesse qu'elle en prit une maladie pire que la fièvre. Le duc l'alla voir pour la consoler, mais il n'y avait ordre s'il ne lui disait qui était cette belle dame tant aimée. Dont elle lui faisait une importune presse, tant que le duc s'en alla hors de sa chambre en lui disant : « Si vous me tenez plus tel propos, nous nous séparerons d'ensemble. » Ces paroles augmentèrent la maladie de la duchesse qui feignit sentir bouger son enfant, dont le duc fut si joyeux qu'il s'en alla coucher avec elle. Mais à l'heure qu'elle le vit plus amoureux d'elle, se tournait de l'autre côté lui disant : « Je vous supplie, Monsieur, puisque vous n'avez amour à femme ni enfant, laissez-nous mourir tous deux. » Et avec ces paroles jeta tant de larmes et de cris que le duc eut grand peur qu'elle perdît son fruit. Parquoi, la prenant entre ses bras, lui pria de lui dire que c'était qu'elle voulait, et qu'il n'y avait rien qui ne fût pour elle. « Ah ! Monsieur, ce lui répondit-elle en pleurant, quelle espérance puis-je avoir que vous fissiez pour moi une chose difficile, quand la plus facile et raisonnable du monde, vous ne la voulez pas faire, qui est de me dire l'amie du plus méchant serviteur que vous eûtes onques ? Je pensais que vous et moi ne fussions qu'un cœur, une âme et une chair. Mais maintenant je connais bien que vous me tenez pour une étrangère, vu que vos secrets qui ne me doivent être celés, vous les cachez comme à personne ennemie. Hélas, Monsieur, vous m'avez dit tant de choses grandes et secrètes desquelles jamais n'avez entendu que j'aie parlé ; vous avez tant expérimenté ma volonté égale à la vôtre que vous ne pouvez douter que je ne sois plus vous-même que moi. Et si vous avez juré de jamais ne dire à autrui le secret du gentilhomme, en le me disant ne faillirez à votre serment, car je ne suis ni ne puis être autre que vous : je vous ai en mon cœur, je vous tiens entre mes bras, j'ai votre enfant dans mon ventre auquel vous vivez, et ne puis avoir votre cœur comme vous avez le mien ! Mais tant plus je vous suis loyale et fidèle, vous m'êtes cruel et austère. Qui me fait mille fois le jour désirer, par une soudaine mort, délivrer votre enfant d'un tel père, et moi d'un tel mari. Ce que j'espère faire bientôt, puisque vous préférez un serviteur infidèle à une femme telle que je vous suis, et à la vie de la mère et du fruit qui est vôtre, lequel s'en va périr, ne pouvant obtenir de vous ce que plus il désire de savoir. » En ce disant embrassa et baisa son mari, arrosant tout son visage de ses larmes avec tels cris et soupirs que le bon prince, craignant de perdre sa femme et son enfant ensemble, se délibéra de lui dire vrai de tout. Mais avant lui jura que, si jamais elle le révélait à créature du monde, elle ne mourrait d'autre main que de la sienne. À quoi elle se condamna, et accepta la punition. À l'heure le pauvre déçu mari lui raconta tout ce qu'il avait vu depuis un bout jusqu'à l'autre. Dont elle fit semblant d'être fort contente. Mais en son cœur pensait bien le contraire. Toutefois, pour la crainte du duc, dissimula le mieux qu'elle put sa passion.

Et le jour d'une grande fête, que le duc tenait sa cour où il avait mandé toutes les dames du pays, et entre autres sa nièce, après le festin les danses commencèrent, où chacun fit son devoir. Mais la duchesse, qui était tourmentée voyant la beauté et bonne grâce de sa nièce du Vergy, ne se pouvait réjouir ni moins garder son dépit de paraître. Car, ayant appelé toutes les dames qu'elle fit seoir à l'entour d'elle, commença à relever propos d'amour ; et voyant que Mme du Vergy n'en parlait point, lui dit avec un cœur crevé de jalousie : « Et vous, belle nièce, est-il possible que votre beauté soit sans ami ou serviteur ? — Madame, ce lui répondit la dame du Vergy, ma beauté ne m'a point fait de tel acquêt, car depuis la mort de mon mari n'ai voulu autres amis que ses enfants, dont je me tiens pour contente. — Belle nièce, belle nièce, ce lui dit la duchesse par un extrême dépit, il n'y a amour si secrète qui ne soit sue, ni petit chien si affetté[1] ni fait à la main duquel on n'entende le japper ! » Je vous laisse penser, mesdames, quelle douleur sentit au cœur cette pauvre dame du Vergy, voyant une chose tant longuement couverte être à son grand déshonneur déclarée. L'honneur si soigneusement gardé et si malheureusement perdu la tourmentait, mais encore plus le soupçon qu'elle avait que son ami lui eût failli de promesse. Ce qu'elle ne pensait jamais qu'il pût faire, sinon par aimer quelque dame plus fort qu'elle, à laquelle la force d'Amour avait fait déclarer tout son fait. Toutefois sa vertu fut si grande qu'elle n'en fit un tout seul semblant, et répondit en riant à la duchesse qu'elle ne se connaissait point au langage des bêtes.

Et sous cette sage dissimulation, son cœur fut si pressé de tristesse qu'elle se leva et, passant par la chambre de la duchesse, entra dedans une garde-robe où le duc qui se promenait la vit entrer. Et quand la pauvre dame se trouva au lieu où elle pensait être seule, se laissa tomber dessus un lit avec si grande faiblesse qu'une demoiselle, qui s'était assise en la ruelle du lit pour dormir, se leva, regardant par à travers le rideau qui se pouvait être. Mais, voyant que c'était Mme du Vergy, laquelle pensait être seule, n'osa lui dire rien, et l'écouta le plus paisiblement qu'elle put. Et la pauvre dame, avec une voix demi-morte, commença à se complaindre et dire : « Ô malheureuse, quelle parole est-ce que j'ai ouïe ? Quel arrêt de ma mort ai-je entendu ? Quelle sentence de ma fin ai-je reçue ? Ô le plus aimé qui onques fut, est-ce la

129

récompense de ma chaste, honnête et vertueuse amour ? Ô mon cœur, avez-vous fait une si périlleuse élection, de choisir pour le plus loyal le plus infidèle, pour le plus véritable le plus feint, et pour le plus secret le plus médisant homme du monde ? Hélas ! est-il possible qu'une chose cachée aux yeux de tous les hommes ait été révélée à Mme la duchesse ? Hélas ! mon petit chien tant bien appris, le seul moyen de ma longue et vertueuse amitié, ce n'a pas été vous qui m'avez décelée, mais celui qui a la langue plus criante que le chien aboyant, et le cœur plus ingrat que nulle bête. C'est lui qui, contre son serment et sa promesse, a déclaré l'heureuse vie sans tenir tort à personne que nous avons longuement menée ! Ô mon ami, l'amour duquel seul est entré dans mon cœur, avec lequel ma vie a été conservée, faut-il maintenant que, en vous déclarant mon mortel ennemi, mon honneur soit mis au vent, mon corps à la terre et mon âme où éternellement elle demeurera ! La beauté de la duchesse est-elle si extrême qu'elle vous a transmué comme faisait celle de Circé ? Vous a-t-elle fait venir de vertueux vicieux, de bon mauvais, et d'homme bête cruelle ? Ô mon ami, combien que vous me failliez de promesse, si vous tiendrai-je la mienne : c'est de jamais plus ne vous voir après la divulgation de notre amitié. Mais aussi ne pouvant vivre sans votre vue, je m'accorde volontiers à l'extrême douleur que je sens, à laquelle ne veux chercher remède ni par raison ni par médecine, car la mort seule y mettra la fin, qui me sera trop plus plaisante que demeurer au monde sans ami, sans honneur et sans contentement. La guerre ou la mort ne m'ont point ôté mon ami ; mon péché ni ma coulpe ne m'ont point ôté mon honneur ; ma faute ni mon démérite ne m'ont point fait perdre mon contentement ; mais c'est l'Infortune cruelle qui, rendant ingrat le plus obligé de tous les hommes, me fait recevoir le contraire de ce que j'ai desservi. Eh ! Madame la duchesse, quel plaisir ce vous a été quand, par moquerie, m'avez allégué mon petit chien ! Or jouissez-vous du bien qui à moi seule appartient ! Or vous moquez-vous de celle qui pensait par bien celer et vertueusement aimer être exempte de toute moquerie ! Oh ! que ce mot m'a serré le cœur, qu'il m'a fait rougir de honte et pâlir de jalousie ! Hélas ! mon cœur, je sens bien que vous n'en pouvez plus. L'amour mal reconnue vous brûle, la jalousie et le tort que l'on vous tient vous glace et amortit, et le dépit et le regret ne me permettent de vous donner consolation. Hélas, ma pauvre âme qui, par trop avoir adoré la créature avez oublié le Créateur, il vous faut retourner entre les mains de Celui duquel l'amour vaine vous avait ravie. Prenez confiance, mon âme, de le trouver meilleur père que n'avez trouvé ami celui pour lequel l'avez souvent oublié. Ô mon Dieu, mon Créateur, qui êtes le vrai et parfait amour par la grâce duquel l'amour que j'ai portée à mon ami n'a été tachée de nul vice sinon de trop aimer, je supplie votre miséricorde de recevoir l'âme et l'esprit de celle qui se repent d'avoir failli à votre premier et très juste commandement, et, par le mérite de Celui duquel l'amour est incompréhensible, excusez la faute que trop d'amour m'a fait faire. Car en vous seul j'ai mis ma parfaite confiance. Et adieu, ami duquel le nom sans l'effet me crève le cœur ! » À cette parole se laissa tomber toute à l'envers, et lui devint la

131

couleur blême, les lèvres bleues et les extrémités froides.

En cet instant arriva en la salle le gentilhomme qu'elle aimait. Et voyant la duchesse qui dansait avec les dames, regarda partout où était s'amie. Mais ne la voyant point, entra en la chambre de la duchesse, et trouva le duc qui se promenait, lequel, devinant sa pensée, lui dit en l'oreille : « Elle est allée en cette garde-robe, et semblait qu'elle se trouvait mal. » Le gentilhomme lui demanda s'il lui plaisait bien qu'il y allât ; le duc l'en pria. Ainsi qu'il entra dans la garde-robe, trouva Mme du Vergy qui était au dernier pas de sa mortelle vie, laquelle il embrassa lui disant : « Qu'est ceci, m'amie ? me voulez-vous laisser ? » La pauvre dame, oyant la voix que tant bien elle connaissait, prit un peu de vigueur et ouvrit l'œil, regarda celui qui était cause de sa mort. Mais en ce regard l'amour et le dépit crûrent si fort qu'avec un piteux soupir rendit son âme à Dieu.

Le gentilhomme, plus mort que la morte, demanda à la demoiselle comme cette maladie lui était prise. Elle lui conta tout du long les paroles qu'elle lui avait ouï dire. À l'heure il connut que le duc avait révélé son secret à sa femme, dont il sentit une telle fureur que, embrassant le corps de s'amie, l'arrosa longuement de ses larmes en disant : « Ô moi, traître, méchant et malheureux ami, pourquoi est-ce que la punition de ma trahison n'est tombée sur moi et non sur celle qui est innocente ? Pourquoi le ciel ne me foudroya le jour que ma langue révéla la secrète et vertueuse amitié de nous deux ? Pourquoi la terre ne s'ouvrit pour engloutir ce fausseur de foi ? Ô ma langue, punie sois-tu comme celle du mauvais riche en enfer ! Ô mon cœur, trop craintif de mort ou de bannissement, déchiré soistu des aigles perpétuellement comme celui d'Ixion[1] ! Hélas, m'amie, le malheur des malheurs, le plus malheureux qui onques fut m'est advenu ! Vous cuidant garder, je vous ai perdue ; vous cuidant voir longuement vivre avec honnête et plaisant contentement, je vous embrasse morte, mal content de moi, de mon cœur et de ma langue jusqu'à l'extrémité ! Ô la plus loyale, ferme et fidèle qui onques fut, je passe condamnation d'être le plus déloyal, muable et infidèle de tous les hommes ! Je me voudrais volontiers plaindre du duc, sur la promesse duquel me suis confié, espérant par là faire durer notre heureuse vie ; mais hélas, je devais savoir que nul ne pouvait garder mon secret mieux que moi-même. Le duc a plus de raison de dire le sien à sa femme que moi à lui. Je m'accuse donc moi seul de la plus grande méchanceté qui onques fut commise entre amis. Je devais endurer d'être jeté en la rivière comme il me menaçait : au moins, m'amie, vous fussiez demeurée vive, et moi glorieusement mort, observant la loi que vraie amitié commande ; mais, l'ayant rompue, je demeure vif, et vous, par aimer parfaitement, êtes morte, car votre cœur tant pur et net n'a su porter, sans mort, de savoir le vice qui était en votre ami. Ô mon Dieu ! pourquoi me créâtes-vous homme, ayant l'amour si légère et cœur tant ignorant ? Pourquoi ne me créâtes-vous le petit chien qui a fidèlement servi sa maîtresse ? Hélas, mon petit ami, la joie que me donnait votre japper est tournée en mortelle tristesse, puisque par moi autre que nous deux a ouï votre voix. Si est-ce, m'amie, que l'amour de la duchesse ni de femme vivante ne m'a jamais fait varier, combien que plusieurs fois la méchante m'en ait prié, mais ignorance m'a vaincu, pensant à jamais assurer notre amitié. Toutefois, pour être ignorant, je ne laisse d'être coupable, car j'ai révélé le secret de m'amie ; j'ai faussé ma promesse, qui est la seule cause dont je la vois morte devant mes yeux. Hélas, m'amie, me sera la mort moins cruelle qu'à vous, qui par amour a mis fin à votre innocente vie ? Je crois qu'elle ne daignerait toucher à mon infidèle et misérable cœur, car la vie déshonorée et la mémoire de ma perte, par ma faute, m'est plus importable que dix mille morts. Hélas, m'amie, si quelqu'un par malheur ou malice vous eût osé tuer, que promptement j'eusse mis la main à l'épée pour vous venger. C'est donc raison que je ne pardonne à ce meurtrier, qui est cause de votre mort par un acte plus méchant que de vous donner un coup d'épée. Si je savais un plus infâme bourreau que moi-même, je le prierais d'exécuter votre traître ami. Ô Amour ! Par ignoramment aimer je vous ai offensé, aussi vous ne voulez me secourir comme vous avez fait celle qui a gardé toutes vos lois. Ce n'est pas raison que par si honnête moyen je définie[1], mais raisonnable que ce soit par ma propre main. Puisque avec mes larmes j'ai lavé votre visage, et avec ma langue je vous ai requis pardon, il ne reste plus sinon qu'avec ma main je rende mon corps semblable au vôtre, et laisse aller mon âme où la vôtre ira, sachant qu'un amour vertueux et honnête n'a jamais fin en ce monde ni en l'autre. » Et à l'heure, se levant de dessus le corps mort de s'amie comme un homme forcené et hors du sens, tira son épée et, par grande violence, s'en donna au travers du cœur. Et derechef prit s'amie entre ses bras, la baisant par telle affection qu'il semblait plus être atteint d'amour que de la mort.

La demoiselle, voyant ce coup, s'en courut à la porte pour crier à l'aide. Le duc, oyant ce cri, doutant le mal de ceux qu'il aimait, entra le premier dedans la garde-robe, et voyant ce piteux couple, s'essaya de les séparer pour sauver, s'il lui était possible, le gentil-homme. Mais il tenait s'amie si fortement qu'il ne fut possible de la lui ôter jusqu'à ce qu'il fût trépassé. Toutefois, entendant le duc qui parlait à lui, disant : « Hélas, et qui est cause de ceci ? », avec un regard furieux lui répondit : « Ma langue et la vôtre, Monsieur ! » En ce disant trépassa, son visage joint à celui de s'amie. Le duc, désirant d'en entendre plus avant, contraignit la demoiselle de lui dire ce qu'elle en avait vu et entendu, ce qu'elle fit tout du long, sans lui en rien celer. À l'heure le duc, connaissant qu'il était cause de tout le mal, se jeta sur les deux amants morts et, avec grands cris et pleurs, leur demanda pardon de sa faute en les baisant tous deux par plusieurs fois. Et puis, tout furieux se leva, tira l'épée du corps du gentilhomme et, tout ainsi qu'un sanglier, lequel, étant navré d'un épieu, court d'impétuosité contre celui qui a fait le coup, ainsi s'en alla le duc chercher celle qui l'avait navré jusqu'au fond de son âme. Laquelle il trouva dansant en la salle, plus joyeuse qu'elle n'avait accoutumé, comme celle qui se pensait bien être vengée de la dame du Vergy. Le duc la prit au milieu de la danse et lui dit : « Vous avez pris le secret sur votre vie, et sur votre vie tombera la punition. » En ce disant la prend par la coiffure et lui donna de l'épée

135

dans la gorge, dont toute la compagnie fut si étonnée que l'on pensait que le duc fût hors du sens. Mais après qu'il eut parachevé ce qu'il voulait, assembla dans la salle tous ses serviteurs et leur raconta l'honnête et piteuse histoire de sa nièce, et le méchant tour que lui avait fait sa femme, qui ne fut sans faire pleurer les assistants.

Après le duc ordonna que sa femme fût enterrée en une abbaye qu'il fonda pour en partie satisfaire au péché qu'il avait fait de tuer sa femme. Et fit faire une belle sépulture, où le corps de sa nièce et du gentil-homme furent mis ensemble avec un épitaphe déclarant la tragédie de leur histoire. Et le duc entreprit un voyage contre les Turcs, où Dieu le favorisa tant qu'il en rapporta honneur et profit, et trouva à son retour son fils aîné suffisant de gouverner son bien, lui laissa tout et s'alla rendre religieux en l'abbaye où était enterrée sa femme et les deux amants. Et là passa sa vieillesse heureusement avec Dieu.

« Voilà, mesdames, l'histoire que vous m'avez priée de vous raconter, que je connais bien à vos yeux n'avoir été écoutée sans compassion. Il me semble que vous devez tirer exemple de ceci, pour vous garder de mettre votre affection aux hommes car, quelque honnête ou vertueuse qu'elle soit, elle a toujours à la fin quelque mauvais déboire. Et vous voyez que saint Paul encore aux gens mariés, ne veut qu'ils aient cette grande amour ensemble[1]. Car d'autant que notre cœur est affectionné à quelque chose terrienne, d'autant s'éloigne-t-il de l'affection céleste ; et plus l'amour est honnête et vertueuse, plus est difficile à en rompre le lien. Qui me fait vous prier, Mesdames, de demander à toute heure à Dieu son Saint Esprit, par lequel votre cœur soit tant enflammé en l'amour de Dieu que vous n'ayez point de peine, à la mort, de laisser ce que vous aimez trop en ce monde. — Puisque l'amour était si honnête, dit Hircain, comme vous la nous peignez, pourquoi la fallait-il tenir secrète ? — Pource, dit Parlamente, que la malice des hommes est telle que jamais ne peuvent croire que grande amour soit jointe à honnêteté, car ils jugent les femmes et les hommes vertueux selon leurs passions. Et pour cette occasion il est besoin, si une femme a quelque bon ami, outre ses plus prochains parents, qu'elle parle à lui secrètement, si elle y veut parler longuement. Car l'honneur d'une femme est aussi bien mis en dispute pour aimer par vertu comme par vice, vu que l'on ne se prend qu'à ce que l'on voit. — Mais, ce dit Géburon, quand ce secret-là est décelé, l'on y pense beaucoup pis ! — Je le vous confesse, dit Longarine, parquoi le meilleur est du tout n'aimer point. — Nous appelons de cette sentence ! ce lui dit Dagoucin, car si nous pensions les dames sans amour, nous voudrions être sans vie. J'entends ceux qui ne vivent que pour l'acquérir. Et encore qu'ils n'y adviennent, l'espérance les soutient et leur fait faire cent mille choses honorables jusqu'à ce que la vieillesse change ces honnêtes passions en autres pires. Mais qui penserait que les dames n'aimassent point, il faudrait en lieu d'hommes d'armes faire des marchands, et en lieu d'acquérir l'honneur ne penser qu'à amasser du bien. — Donc, dit Hircain, s'il n'y avait point de femmes, vous voudriez dire que nous serions tous méchants ? Comme si nous n'avions cœur que celui qu'elles nous donnent ! Mais je suis bien de contraire opinion, qu'il n'est rien qui plus abatte le cœur d'un homme que de hanter ou aimer trop les femmes. Et pour cette occasion défendaient les Hébreux que, l'année que l'homme était marié, il n'allât point à la guerre, de peur que l'amour de sa femme le retirât des hasards que l'on doit chercher[1]. — Je trouve, dit Saffredent, cette loi sans grande raison, car il n'y a rien qui fasse plutôt saillir l'homme de sa maison que d'être marié, pource que la guerre de dehors n'est pas plus importable que celle de dedans, et crois que, pour donner envie aux hommes d'aller en pays étrange et ne s'amuser à leurs foyers, il les faudrait marier. — Il est vrai, dit Ennasuite, que le mariage leur ôte le soin de leur maison, car ils s'en fient en leurs femmes, et ne pensent qu'à acquérir l'honneur, étant sûrs que les femmes auront assez de soin du profit. » Saffredent lui répondit : « En quelque sorte que ce soit, je suis bien aise quand vous êtes de mon opinion. — Mais, ce dit Parlamente, vous ne débattez pas de ce qui est plus à considérer : c'est pourquoi le gentilhomme qui était cause de tout le mal ne mourut aussitôt de déplaisir, comme fit celle qui en était innocente. » Nomerfide lui dit : « C'est pource que les femmes aiment mieux que les hommes. — Mais c'est, dit Simontaut, pource que la jalousie des femmes et le dépit les fait crever sans savoir pourquoi. Et la prudence des hommes les fait enquérir de la vérité, laquelle connue, par bon sens et justice, montrent leur grand cœur, comme fit ce gentilhomme ; et après avoir entendu comme il était l'occasion du mal de s'amie, montra combien il aimait sans épargner sa propre vie. — Toutefois, dit Ennasuite, elle mourut par vraie amour, car son ferme et loyal cœur ne pouvait endurer d'être si vilainement trompé. — Ce fut sa jalousie, dit Simontaut, qui ne donna lieu à la raison et crut le mal qui n'était point en son ami tel comme elle le pensait. Sa mort fut contrainte, car elle n'y pouvait remédier, mais celle de son ami fut volontaire, après avoir connu son tort. — Si faut-il, dit Nomerfide, que l'amour soit grande, qui cause une telle douleur ! — N'en ayez point de peur, dit Hircain, car vous ne mourrez pas de telle fièvre ! — Non plus, dit Nomerfide, que vous ne vous tuerez après avoir connu votre offense ! »

Parlamente, qui doutait le débat être à ses dépens, leur dit en riant : « C'est assez que deux soient morts d'amour sans que l'amour en fasse battre deux autres ! car voilà le dernier coup de vêpres qui nous départira, veuillons ou non. » Par son conseil la compagnie se leva, et allèrent ouïr leurs vêpres, n'oubliant en leurs bonnes prières les âmes des vrais amants pour lesquels les religieux, de leur bonne volonté, dirent un *De Profundis*. Et tant que le souper dura, n'eurent autres propos que de Mme du Vergy. Et après avoir un peu passé leur temps ensemble, chacun se retira en sa chambre. Ainsi mirent fin à la septième Journée.

II

La postérité de l'*Heptaméron*

Matteo Bandello a transposé en italien le texte de Marguerite de Navarre dans le livre IV de ses Nouvelles, *publié en 1573, en apportant quelques change-*

ments : la châtelaine et le chevalier qu'il appelle Carlo Valdrio, ont contracté un mariage secret ; la perfide duchesse est la seconde femme du duc de Bourgogne[1].

Cette nouvelle a été traduite en français vers 1582 par le compilateur François de Belleforest (1530-1583)[2], qui avait été élevé par Marguerite de Navarre (Histoires tragiques, extraites des œuvres italiennes du Bandel et mises en langue françoise, t. V, publiées en 1604 à Rouen). Le chevalier, dénommé Charles Vauldray, appartient désormais à la vieille noblesse bourguignonne.

Si la tragédie en alexandrins du seigneur du Souhait, Radegonde, duchesse de Bourgogne (1599) dérive de l'Heptaméron tout en éliminant le petit chien messager et en appelant les deux héros Floran et Constance[3], en revanche la traduction de Belleforest, qui connut ur. certain succès, inspira le roman du Commandeur de Vignacourt, La Comtesse de Vergi, nouvelle historique, galante et tragique (1722 ; 2ᵉ éd., 1725), qui transporte l'action sous le règne de Philippe Auguste et l'alourdit de lettres dont se sert la méchante duchesse, de ruses, de scènes d'amour, de batailles et de tournois, de fêtes et même d'un feu d'artifice. L'héroïne, veuve du comte de Vergi et nièce du duc Eudes de Bourgogne, s'appelle maintenant Laure de Lorraine qui est un personnage historique. Dans l'édition de 1766, qui entend moderniser la langue du texte, le héros ne se nomme plus Charles Vaudray comme en 1725, mais Raoul de Couci : signe évident que notre conte a été contaminé par une autre histoire très populaire, celle du cœur mangé[4], du Roman du Châtelain de Coucy et de la dame de Fayel, *de Jakemes (qui est, on s'en souvient, cité aux vers 295-302 de* La Châtelaine de Vergy) *et la dame de Fayel, en retour, s'appellera Gabrielle de Vergy, témoin* Les Infortunés Amours de Gabrielle de Vergy et de Raoul de Couci, *romance (1752, puis 1766). — En 1770 De Belloy publia la tragédie* Gabrielle de Vergy *(qui ne fut jouée qu'après sa mort en 1777).*

III

Le retour au texte du XIIIe siècle :
Le Grand d'Aussy

1779 est une date importante qui ouvre la voie aux éditions du texte médiéval, et en particulier à la première, celle de Méon dans les Fabliaux et Contes, *t. IV, pp. 296-326 (1808). En effet, après avoir collaboré aux travaux de Sainte-Palaye et surtout du marquis de Paulmy, maître d'œuvre d'une énorme compilation, les* Mélanges *tirés d'une grande bibliothèque (1779-1788), stimulé par l'exemple de l'érudit Barbazan qui avait fait imprimer en 1756 à Amsterdam ses* Fabliaux et contes des poètes françois des XIe, XIIe, XIIIe, XIVe et XVe siècles, *l'ancien jésuite Pierre-Jean-Baptiste Le Grand d'Aussy (1737-1800) publia des* Fabliaux ou contes du XIIe et du XIIIe siècle, traduits ou extraits d'après divers manuscrits du temps *(1779-1781), avec des notices historiques ou critiques.* C'est *un bel exemple de la manière dont on concevait la traduction des textes médiévaux au XVIIIe siècle, un témoignage précieux sur les goûts littéraires du temps et un jalon dans la genèse des idées romantiques*[1].

LA CHÂTELAINE DE VERGY[2]

L'Auteur déclame dans son début contre ces traîtres et perfides amis qui, gagnant votre confiance par des confidences adroites et par une apparence de loyauté, en abusent, pour vous arracher votre secret, et vous livrer ensuite à la risée publique. Il invite les amants au mystère et à la discrétion, et les exhorte à éviter surtout ces imprudences, trop communes, dont le fruit est toujours la perte du cœur qu'on avait su gagner ; si même elles n'amènent pas quelquefois des malheurs plus grands encore, comme il arriva, dit-il, à la nièce du duc de Bourgogne, la dame de Vergy.

Un chevalier, beau et vaillant, nommé Agolane, en était devenu éperdument amoureux, et il l'aima tant qu'enfin elle ne put s'empêcher de céder à son amour. Mais ce fut à cette condition expresse, que jamais il ne laisserait rien soupçonner de leur intelligence, et que, si par sa faute un secret aussi important pour elle venait à être découvert, dès l'heure même il éprouverait autant de haine qu'il aurait jusque-là éprouvé de tendresse.

D'après de tels sentiments, la belle et discrète châtelaine avait pris, pour voir son amant, les précautions les plus scrupuleuses. Elle occupait dans son château un appartement qui donnait sur le verger. Agolane, lorsqu'elle permettait qu'il vînt lui témoigner son amour, se rendait seul au verger la nuit ; et là, caché derrière quelque arbre, il attendait en silence un signal convenu. Ce signal était un petit chien que lâchait Vergy, dès qu'elle se trouvait libre. L'animal, par ses jappements et ses caresses, venait avertir le chevalier, qui alors se glissait doucement dans la chambre, où il était sûr de trouver la châtelaine seule. Le lendemain il sortait avant le jour ; et c'était ainsi que vivait ce couple charmant, occupé uniquement du plaisir de s'aimer, et d'autant plus heureux que son bonheur était ignoré.

Agolane, que sa valeur attirait souvent à la cour du duc son souverain, en était devenu le confident et l'ami ; mais il était devenu aussi, sans le savoir, bien plus cher encore à la duchesse. Elle n'avait pu voir sans amour tant de grâces et de beauté ; et plus d'une fois, s'il n'eût point aimé ailleurs, elle le mit à portée de le deviner. Ce langage néanmoins n'ayant pas été entendu, il fallut se résoudre à en parler un autre. Elle prit donc un jour à part le beau chevalier, et lui témoigna quelque surprise de ce qu'avec de la réputation et tous les avantages extérieurs, il n'avait pas encore, parmi tant de beautés qu'offrait la cour de Bourgogne, fait le choix d'une amie. Il répondit que la crainte de voir rejeté l'hommage de son cœur, l'avait jusque-là empêché de l'offrir. Elle le trouva trop modeste, l'exhorta à compter un peu plus sur ses forces, et l'assura qu'avec un mérite reconnu, on trouvait sans peine des cœurs qui ne demandaient qu'à se rendre ; mais elle voulait qu'il se déterminât au plus tôt, et surtout qu'il ne fît son choix que dans les premiers rangs, principalement si on daignait lui faire sentir qu'il était aimé. Il se retrancha toujours à dire que, n'étant ni comte ni souverain, il devait apprécier assez ses faibles prétentions, pour ne pas ambitionner ridiculement le bonheur des rois. Abusée de plus en plus par ces paroles dont la circonspection semblait faire présumer qu'Agolane jusqu'à ce jour n'avait pas aimé, la duchesse crut qu'il ne fallait plus que l'encourager, en faisant disparaître la distance des rangs qui pouvait l'effaroucher encore. Elle lui demanda ce que répondrait sa modestie, si elle allait le choisir pour son chevalier, et lui avouer qu'elle se sentait depuis longtemps de l'amitié pour lui. Il repartit avec une respectueuse naïveté : « Madame, je l'ignorais, et je remercie Dieu de la grâce qu'il m'a faite d'obtenir vos bontés et celles de Monseigneur. J'espère qu'il me fera encore celle de les mériter toujours, et de n'oublier jamais la foi et la loyauté que je vous dois à tous les deux — Eh ! qui vous conseille de trahir votre seigneur ? » reprit-elle aussitôt. Puis avec un regard furieux qu'elle accompagna de quelques injures, elle le quitta pour aller dans son appartement cacher sa honte et méditer sa vengeance.

La nuit, en effet, quand le duc se fut placé à ses côtés, elle commença à soupirer et à gémir. Celui-ci, qui aimait tendrement son épouse, fut inquiet, et voulut savoir quels étaient ses chagrins. « Je gémis sur vous, beau doux Sire, répondit-elle. Qu'on ne sait guère, hélas ! dans votre rang, sur la foi et l'honneur de qui l'on peut compter ! Souvent même c'est de ceux qu'on a le plus comblés de biens que s'éprouvent les plus grandes perfidies. — J'ignore où tend ce discours, reprit le duc étonné, et crois être sûr de la fidélité de ceux qui m'entourent. Mais si parmi eux l'on me dénonçait un traître, vous me verriez bientôt employer, pour le punir, un châtiment exemplaire. — Eh bien ! Sire, punissez donc Agolane. Vous savez tout ce que vous avez fait pour le perfide ; apprenez que par reconnaissance il cherche à vous déshonorer, et qu'hier j'ai eu à rougir, tout le jour, de ses sollicitations criminelles. Ce n'est pas à tort que les dames de votre cour s'étonnaient, ainsi que moi, de n'avoir découvert à l'hypocrite aucune amie ; en voici la cause, et notre surprise maintenant doit cesser. »

Le duc fut si profondément affecté de ce reproche de trahison dans un homme qu'il avait aimé tendrement, que de toute la nuit il ne put reposer. Le lendemain, dès qu'il fut levé, il le fit venir ; et après lui avoir reproché avec amertume son ingratitude et sa perfidie, il lui ordonna de sortir, dès le même jour, de ses terres, s'il ne voulait, le lendemain, y périr à un gibet. Ces menaces imprévues, ces reproches si durs et si peu mérités interdirent le chevalier au point qu'il fut quelque temps sans pouvoir répondre. L'idée seule qu'il allait, pour jamais, être séparé de Vergy, le glaçait d'effroi. Enfin, revenu de son premier trouble, il pria le duc de se rappeler sa fidélité, et de ne pas condamner sans preuves, et sur la simple délation peut-être de quelque méchant, un brave homme connu par plusieurs années d'une conduite irréprochable. « Ce n'est point un ennemi ; c'est la duchesse elle-même qui vous a accusé, lui répondit le duc ; oserez-vous rejeter son témoignage ? » Cette atrocité de la duchesse saisit d'horreur le chevalier. Il ne voulut pourtant pas l'accuser pour se défendre, et d'un ton pénétré se contenta de répondre : « Sire, puisque Madame s'est plainte de moi, elle a cru pouvoir se plaindre sans doute, et je dois me taire ; d'ailleurs, maintenant que vos oreilles ont été prévenues par elle, réussirais-je à vous prouver mon innocence ? »

Le ton dont fut prononcé ce peu de mots fit impression sur le duc. L'attachement et l'estime lui parlaient déjà en faveur de l'accusé ; mais une chose combattait dans son âme ces sentiments favorables : c'était la réflexion maligne de la duchesse sur l'indifférence apparente du chevalier. Cette remarque l'avait singulièrement frappé, et il ne doutait nullement que celui qu'on n'avait vu jusqu'alors aimer aucune femme de sa cour, n'aimât véritablement la sienne. Pour lever ce scrupule, il exigea qu'Agolane jurât sur son honneur de lui répondre avec vérité à une question qu'il allait lui faire. Le chevalier, qui n'y vit qu'un moyen facile de conserver à la fois l'amitié de son souverain et le cœur de Vergy, jura sans hésiter. « Eh bien, reprit le duc, l'on ne vous a connu jusqu'ici, ni à ma cour, ni ailleurs, l'apparence même d'un attachement ; et tant que j'aurai cette incertitude, je vous croirai coupable. Répondez-moi sans détour : aimez-vous secrètement ? qui aimez-vous ? Voilà ce que je veux savoir, et ce qui seul peut dissiper mes soupçons. Confiez à mon amitié

146

ce secret que je crois mériter ; elle vous est rendue à ce prix. Si vous refusez, vous n'êtes plus à mes yeux qu'un traître et un perfide, digne de toute ma colère. Choisissez. »

Ce fut alors qu'Agolane sentit et l'imprudence du serment qu'il venait de faire, et l'embarras cruel de sa situation. Osera-t-il avouer au duc qu'il aime sa nièce ? Manquera-t-il au secret inviolable qu'a exigé Vergy ? S'il se tait, il est banni ; s'il parle, il trahit son amante ; et, quelque parti qu'il prenne, il est sûr de la perdre. Encore s'il pouvait la voir dans son exil ! que serait un bannissement à ce prix ! Mais elle ne peut le suivre, et pourra-t-il vivre sans elle ? Combattu et déchiré tour à tour par ces pensées désespérantes, il ne peut plus cacher sa douleur. Des larmes s'échappent malgré lui, et coulent sur ses joues. Le duc attendri cherche à le rassurer. Il lui jure à son tour, sur la foi qu'il lui doit comme suzerain, de ne jamais révéler à qui que ce soit dans l'univers le secret qu'il attend ; et il le demande de nouveau, moins comme l'engagement d'une parole donnée, que comme un témoignage précieux de confiance et d'estime. « Ah ! Sire, s'écrie le chevalier, pardonnez ces combats à un cœur, rempli d'ailleurs de reconnaissance pour vous ; mais il s'agit de mon bonheur, je vais tout perdre, et j'en mourrai. — Agolane, il est donc des choses que vous craignez de confier à votre ami ! et voilà le prix que reçoit de vous sa tendresse ! Ah ! c'en est fait ; vous voulez que je vous haïsse. »

Ce reproche si doux et si touchant alla au cœur du chevalier. Il ne put y résister, et il avoua enfin ce mystère terrible, le secret de sa vie. Le duc d'abord n'en voulut rien croire. Sa nièce vivait dans une retraite si profonde que l'aveu d'une intrigue avec elle ne lui parut qu'un mensonge adroit. En vain on lui conta la naissance de cet amour, ses détails, les rendez-vous dans le verger, et le signal du petit chien : il s'obstina toujours à nier tout ce qu'il ne verrait pas, et exigea absolument de l'amant heureux qu'il le menât avec lui au rendez-vous. Agolane ne pouvait plus refuser cette demande, après avoir accordé la première. Il convint donc avec le duc de certaines précautions. Tous deux se rendirent le soir séparément à un lieu désigné, et de là ils partirent ensemble pour aller au verger.

À peine y furent-ils arrivés qu'ils entendirent le petit chien qui, à son ordinaire, accourut, en jappant, vers Agolane, pour le caresser. Le duc alors, feignant d'être convaincu, dit adieu au chevalier, et le quitta, comme si ce premier témoignage lui eût suffi ; mais l'instant d'après, il revint sur ses pas, et le suivit doucement et sans bruit, résolu de voir où se terminerait cette mystérieuse aventure à laquelle il ne croyait pas encore. La porte était entrouverte. Il vit entrer l'heureux Agolane. Il vit sa nièce, au premier bruit, se lever avec transport, accourir hors d'elle-même vers son amant, et le serrer dans ses beaux bras, en l'embrassant mille fois. « Mon doux ami, ma seule joie, et tout ce qui m'est le plus cher au monde, qu'il y a longtemps que je ne t'ai vu, et que loin de toi les jours ici m'ont paru longs ! Mais tous mes chagrins sont oubliés ; et me voilà heureuse, puisque je t'ai retrouvé. » Et à ces mots elle le pressait de nouveau contre son cœur, et l'embrassait encore, sans lui donner le temps de répondre. Elle le fit entrer enfin dans sa chambre où la nuit s'écoula pour eux dans des ravissements qu'il me serait impossible de vous décrire. Ceux-là seuls peuvent les comprendre, à qui l'Amour les a départis. Encore Amour ne les accorde-t-il pas à tous ceux qui aiment.

L'approche du jour força cependant Agolane de se retirer. Vergy, après lui avoir fixé le terme du prochain rendez-vous, le reconduisit à la porte, en le couvrant de baisers, et lui reprochant, tout en larmes, son empressement à partir. Mais à peine eut-il fait quatre pas qu'elle le rappela aussitôt, pour l'accabler de nouvelles caresses, et le retint étroitement serré dans ses bras, sans plus vouloir lui permettre de la quitter. Il fallut qu'il s'en arrachât avec une sorte de violence. Elle resta quelque temps sur le seuil de la porte, afin de jouir, malgré lui, du plaisir de le voir. Ses yeux, à travers l'obscurité, cherchaient encore à le suivre. Enfin, elle ne rentra que pour maudire le jour et la lumière.

Le duc, qui avait été témoin des premiers transports des deux amants, le fut aussi de leurs tendres adieux. Il avait eu le courage de passer la nuit dans le verger, et il y attendait le départ du chevalier, moins pour acquérir une nouvelle preuve de son innocence, à la fin trop bien reconnue, que pour lui rendre sur le lieu même la justice qu'il lui devait. Dès qu'il le vit sortir, il courut après lui, l'embrassa tendrement, lui demanda pardon de ses soupçons injurieux et l'assura pour toujours d'une amitié inaltérable. Agolane, surpris de le voir, le conjura une seconde fois, par tout ce qui est le plus sacré, de cacher à jamais ce secret de son cœur. « Je mourrais de douleur, dit-il, si dans tout l'univers un autre que vous pouvait le soupçonner — Ne m'en parlez plus vous-même, répondit le duc ; car dès ce moment je l'ai oublié » ; et aussitôt, l'entretenant d'autres choses, il le ramena au palais.

À dîner, il le fit asseoir à ses côtés. Il affecta de le traiter avec plus de distinction encore qu'auparavant, et lui fit tant de caresses, lui montra tant d'amitié que la duchesse n'y put tenir. Elle feignit de se trouver mal et, de dépit quittant la table, alla se mettre au lit. Le duc, qui ne soupçonna pas d'abord la cause de cette brusque retraite, accourut alarmé ; et comme il interrogeait son épouse sur cette incommodité subite et surprenante : « Eh ! ne devrais-je pas mourir de chagrin, dit-elle, quand vous me méprisez assez, pour accueillir encore celui que vous et moi nous avons tant de raisons de haïr ; quand, après les plaintes qu'hier je vous ai faites de lui, je vous vois, pour m'insulter sans doute, l'accabler devant moi de vos caresses ? — Madame, reprit le duc, cessez de m'en dire du mal ; je sais ce que je dois croire sur l'état de son cœur : ne m'en demandez pas davantage ; mais ni vous, ni personne au monde ne réussiriez maintenant à lui ôter mon amitié. » Et sans attendre de réponse, il sortit aussitôt.

La duchesse resta consternée. Après avoir essuyé des rebuts, elle se voyait une rivale ; et, pour comble de désespoir, il lui était défendu de la connaître et impossible de s'en venger. Sa jalouse fureur se le promit bien cependant ; et, trop sûre de la faiblesse qu'avait pour elle son mari, elle résolut de lui arracher, dès le jour même, ce secret funeste, la cause de son malheur. La nuit donc, quand le duc vint se placer à ses côtés, elle feignit de vouloir se retirer, comme si elle eût renoncé pour jamais à partager sa couche. Il l'arrêta, et l'embrassant avec tendresse, la pria de rester. « Que vous êtes faux et trompeur, lui dit-elle ! vous affectez ici le langage de l'amour, et vous ne m'aimâtes jamais. Longtemps, hélas ! vos protestations m'ont séduite : il m'était si doux de les croire ! Mais qu'aujourd'hui me voilà cruellement désabusée ! — Eh ! comment, lui demanda le duc ? — Le chevalier vous a trompé par des mensonges, et vous l'avez cru. Je ne demande point à les connaître, puisque vous êtes résolu à me les cacher. Mais ce qui me pénètre, c'est de voir ma tendresse payée d'un pareil retour. Jamais, vous le savez, mon cœur n'a eu une pensée, jamais il n'a eu un secret qu'il ne vous l'ait confié aussitôt. Mon seul plaisir était d'aller le déposer dans votre sein ; et vous, en retour, vous ne m'annoncez les vôtres, que pour m'avertir qu'ils me sont interdits. »

À ces mots, elle éclata en soupirs et en sanglots, avec une vérité si surprenante que le Duc en fut attendri. « Belle amie, lui dit-il, je sens qu'il ne m'est pas possible de vivre haï de vous ; mais sachez aussi que je ne puis, sans me déshonorer, vous révéler ce que vous exigez de moi. — Ne me l'avouez donc pas, cher Sire ; mais cherchez au moins, pour me tromper, des prétextes plus plausibles. Votre tendresse m'a confié souvent des secrets bien autrement importants ; et vous savez si jamais je vous ai causé un repentir. Non, encore une fois, ce n'est pas mon indiscrétion que vous craignez ; mais votre cœur est changé, et vous ne m'aimez plus. » Les sanglots alors lui coupèrent la voix, et les larmes inondèrent son visage. Le duc, par ses caresses, chercha en vain à la consoler ; il ne parut qu'augmenter ses douleurs. « Non, s'écria-t-il, je ne puis plus résister à vos chagrins, ni rien avoir de caché pour votre amour. Vous allez voir jusqu'où va pour vous l'excès du mien ; mais aussi gardez-vous de le trahir jamais : ma vengeance serait terrible, et je vous préviens qu'il y va pour vous de la vie. Voilà mes conditions ; vous sentez-vous capable de les accepter ? — Oui, je m'y soumets, ingrat, puisque vous croyez la crainte de la mort plus puissante sur moi que la peur de vous déplaire. » Ce langage acheva de séduire le trop faible duc. Amour l'aveuglait, il oublia sa promesse, et conta imprudemment à la perfide tous les aveux que lui avait faits Agolane. Il n'oublia ni les rendez-vous dans le verger dont il venait d'être témoin lui-même, ni le moyen adroit du petit chien, ni surtout l'amour tendre de sa nièce pour le beau chevalier.

Chacune de ses paroles était un coup de poignard qu'il enfonçait dans le cœur de la duchesse. Elle eut la force de dissimuler cependant, et renouvela même plusieurs fois les serments de discrétion qu'elle lui avait faits ; mais, dans son âme irritée, elle en faisait d'autres bien différents, et y jurait de mourir ou de se venger de sa rivale. Dès ce moment, elle ne s'occupa plus que de ce projet cruel. Jour et nuit elle y rêva, et chaque instant de retard fut pour elle un siècle.

L'occasion de la vengeance ne se présenta qu'à la Pentecôte. Le duc alors tint une cour plénière, à laquelle furent invités les grands seigneurs et les femmes qualifiées de ses États. Vergy ne manqua pas de s'y rendre. À sa vue, la duchesse pâlit de rage, tout son corps frémit. Elle se contint pourtant, et se rendit même assez maîtresse de sa colère, pour faire à sa nièce plus de caresses encore qu'à son ordinaire. Mais, après le dîner, quand les dames passèrent dans son appartement pour faire ou pour réparer leur toilette avant la danse, elle les exhorta beaucoup à la gaieté. Puis s'adressant à Vergy : « Pour vous, belle nièce, dit-elle, je ne vous y invite pas, et m'en repose sur votre bel ami. — Madame, répondit la châtelaine avec douceur, j'ignore de qui vous voulez me parler ; mais je n'ai point d'amis que je ne puisse avouer, et qui ne doivent faire honneur à Monseigneur et à moi. — Je le crois bien, belle nièce ; quand on est si adroite, et qu'on sait si bien dresser de petits chiens, on peut n'avouer que ce qu'on veut. » Les dames ne firent point d'attention à ce discours, parce qu'elles n'y comprirent rien ; et elles se rendirent dans les salles pour commencer les danses.

Pour Vergy, qui étouffait de douleur et de honte, elle passa dans une garde-robe voisine, où elle se jeta sur un lit et s'abandonna à son désespoir, sans s'apercevoir même d'une suivante qui s'y trouvait assise. Ses premières plaintes furent des reproches à son amant, qu'elle soupçonna d'avoir acheté par une perfidie le cœur de la duchesse. « Eh ! serait-elle instruite de mon secret, s'écria-t-elle, s'il ne l'eût aimée plus que moi, qu'il a trahie ? Il me trompait donc, quand il me parlait d'amour ; et moi, ô mon Dieu ! vous savez comme je l'aimais ! Doux ami, que vous ai-je fait pour m'abandonner, et me trahir ainsi ? Depuis que je vous ai aimé, avant même de vous aimer, ai-je jamais rien dit ou rien pensé qui méritât une cruauté pareille ? Dieu m'eût offert et sa gloire et son paradis, que je les eusse refusés, s'il eût fallu vous perdre. Vous étiez toute ma richesse, mon bonheur et ma joie. Mon unique plaisir sur la terre, quand je ne pouvais vous voir, était de penser à vous ; et si mon cœur eût pu toujours être assuré du vôtre, je n'eusse plus vu ici-bas aucun malheur à craindre. Amour, le pouvais-je croire qu'il m'abandonnerait ainsi, lorsque assis à mes côtés, et serré dans mes bras, il me jurait qu'il était tout entier à moi ; lorsqu'il m'appelait la dame, la maîtresse de son âme et de ses jours, et me le disait d'un ton si doux, que je mourais de plaisir à l'entendre ? Je ne croyais pas alors que son cœur pût admettre haine ou courroux pour moi. J'espérais qu'il m'aimerait toute sa vie, comme j'étais sûre de l'aimer toute la mienne. Si la mort fût venue l'enlever avant moi, je l'eusse bientôt suivi dans la tombe, et j'eusse préféré le bonheur d'être ensevelie auprès de lui, à la douleur de vivre pour ne plus le voir. Mourons donc, puisqu'il ne vit plus pour moi. Le ciel, touché de la loyauté de mon amour, me prendra en pitié sans doute. Puisse-t-il, pour toute punition, combler de ses biens l'ingrat qui me cause la mort ! Moi, je la lui pardonne ; elle m'est douce de sa main, et je meurs sans regret, quand je songe que je l'ai aimé. » A ces mots, les yeux de Vergy se ferment, sa chaleur s'éteint ; elle veut rappeler un instant ses forces, pour dire adieu à son amant ; et, lui tendant les bras comme si elle eût voulu le serrer une fois encore, elle tombe sur le lit, soupire et meurt.

Agolane ignorait entièrement ce qui se passait aussi près de lui. Il était dans la salle avec les dames, obligé par complaisance de se prêter aux plaisirs ; mais il ne voyait pas celle qu'aimait uniquement son cœur, et ses yeux inquiets la cherchaient partout. Enfin, surpris de sa longue absence, il en demande des nouvelles au duc, qui le prend par la main et, lui montrant le cabinet, lui dit d'aller la chercher. Il y entre avec l'empressement de l'amour ; et voit (quel spectacle !) un corps pâle et sans vie. Il cherche en vain à le ranimer par ses baisers ; ses lèvres ne rencontrent que des lèvres glacées par la mort. La suivante qu'il aperçoit, et qu'il interroge, lui répète naïvement ce qu'elle vient d'entendre. Trop éclairé par cet aveu, il s'écrie : « Ô la plus tendre, la plus loyale, et la meilleure des femmes, pour récompense de tant d'amour je vous ai donc trahie ! et vous seule en avez voulu porter la peine. Mais je vous ferai justice, et vous serez vengée. » Alors il saisit une épée, qu'il voit suspendue à la muraille ; il se l'enfonce dans le cœur, et tombe auprès de son amante.

La suivante effrayée court dans la salle avertir le duc du double malheur dont elle vient d'être témoin. Il va considérer ce triste spectacle, devant lequel il reste immobile. Puis tout à coup, arrachant en fureur l'épée qui perçait le cœur de son malheureux ami, il retourne vers la duchesse. « Je t'avais promis la mort, si tu me trahissais, lui dit-il ; meurs, tu ne mérites plus de vivre. » À ces paroles, il la poignarde, et la fait tomber à ses pieds. De toutes parts s'élève un cri perçant, les danses sont interrompues ; on approche, on est effrayé. Le duc alors raconte la triste et déplorable aventure de ces deux fidèles amants. En la contant, ses larmes coulaient en abondance, et tout le monde pleurait avec lui. Mais quand on vit apporter les deux corps, on n'entendit plus que des sanglots.

Le lendemain, il leur fit rendre tous les honneurs

funèbres qu'on rend aux souverains, et leur éleva un riche mausolée, dans lequel il les renferma tous deux, réunis sous une même tombe. Dès qu'il eut satisfait à ce devoir, il ne songea plus qu'à expier sa faute. Dans ce dessein, il prit la croix, se rendit à la Terre sainte, et entra dans l'Ordre du Temple. Mais sans cesse l'idée du malheur dont il avait été la cause resta présente à sa mémoire. Tant qu'il vécut, tout son extérieur annonça un chagrin profond ; et jamais, depuis la mort de son ami, on ne vit une seule fois ses lèvres sourire.

Quelle fut la source de tant de maux ? Une seule imprudence. Soyons donc discrets, puisqu'une indiscrétion peut avoir de si terribles suites ; et par compassion pour nos deux amants, *prions Dieu qu'au jour du jugement il les place à Sa droite.*

Se trouve copié dans les *Contes de la Reine Marguerite de Navarre*, t. 2, p. 410, Nouv. 70.

Dans les *Histoires tragiques de Belleforest*, d'après l'Italien de *Bandello*.

On en a fait aussi, sous le titre de *La Comtesse de Vergy*, un Roman in 12°, qui a eu deux éditions. Pour pouvoir donner à son conte une certaine étendue, l'auteur, qu'on dit être le Commandeur de Vignacourt, y a inséré beaucoup de faits historiques du règne de Philippe Auguste, et plusieurs noms illustres d'anciennes familles de Bourgogne. Mais il est des histoires qui ne comportent qu'une certaine longueur ; et souvent, en délayant ainsi une aventure touchante, on lui ôte une partie de l'intérêt dont elle est susceptible.

Le roman de *La Comtesse de Vergy* est inséré dans la Bibliothèque de Campagne, t. XIV[1].

DOSSIER

NOTES ET LEXIQUE

LA CHÂTELAINE DE VERGY

Les chiffres renvoient aux numéros des vers.

Pour le commentaire proprement grammatical, on se reportera à la *Petite syntaxe de l'ancien français* de Lucien Foulet (Paris, Champion, 3ᵉ éd., 1928 ; nombreux retirages), qui a emprunté de multiples exemples à *La Châtelaine de Vergy*. Pour le vocabulaire, on tirera grand profit des exemples et des réflexions de l'ouvrage du même Lucien Foulet, *The Continuations of the Old French Perceval of Chrétien de Troyes*, vol. III, part 2, *Glossary of the First Continuation*, Philadelphie, The American Philosophical Society, 1955.

Titre : *La Chastelaine de Vergi*.

Chastelaine, femme du châtelain, personnage essentiel dans la hiérarchie féodale, surtout au XIIᵉ siècle. « Vassal direct du roi, du duc ou du comte, il a, de père en fils, la charge de gouverner un château de son seigneur. Ce château n'a rien de commun avec une quelconque forteresse : il est le chef-lieu d'une châtellenie. Le châtelain dispose donc de pouvoirs de commandement sur les manants d'un certain nombre de villages groupés ou dispersés autour du château. Il est, d'autre part, entouré de plusieurs chevaliers (*milites*) qui sont ses vassaux, c'est-à-dire tiennent de lui un fief, l'aident à défendre le château, où ils vivent parfois avec lui. Aussi peut-on dire que le château constitue le centre de réunion de la société féodale » (Alain Lerond, *Édition critique des œuvres attribuées au Chastelain de Couci*, Paris, P.U.F., 1963, p. 16). Au XIIIᵉ siècle, s'amorce une évolution défavorable aux châtelains. Voir François Olivier-Martin, *Histoire du droit français des origines à la fin de la Révolution*, Paris, 1951, § 96.

Vergi. Se trouve dans la Côte-d'Or, canton de Gevrey-Chambertin, commune de Reulle. Ce château, l'un des plus importants de la Bourgogne du XIᵉ au XVᵉ siècle, a été démantelé à la suite des guerres de la Ligue. Il était situé

159

sur la grande route menant de Lyon à Langres, sur la route des jongleurs et des ménestrels. Le héros du *Roman de la Violette* de Gerbert de Montreuil, qui se rend de Nevers à Metz, passe par un *chastel sur une riviere* appelé Vergi, dont la châtelaine, Aigline, offre en vain son amour au héros Gérard de Nevers (voir l'éd. de Douglas Labaree Buffum, Paris, 1928, et la traduction de Mireille Demaules, Paris, Stock, 1992).

3. *conseil* (vers 3, 10, 319, 623, 626, 771, 810), « secret ». C'est le motif essentiel qui structure toute l'œuvre.

Le motif du secret trahi se compose de trois éléments qui se succèdent nécessairement dans l'ordre : 1. Le héros promet à son amie de garder secret leur amour ; 2. il trahit sa promesse ; 3. l'amie est informée de la trahison du héros. Mais chacun des éléments se retrouve trois fois dans le récit sous des formes et avec des personnages différents, en sorte que nous avons le schéma suivant :

        1. 1. Le chevalier promet à la châtelaine de garder le secret.

           2. Le chevalier trahit le secret.

        2. 1. Le duc promet au chevalier de garder le secret.

           2. Le duc trahit le secret.

        3. 1. La duchesse promet au duc de garder le secret.

           2. La duchesse trahit le secret.

        1. 3. La châtelaine est informée de la trahison du chevalier.

        2. 3. Le chevalier est informé de la trahison du duc.

        3. 3. Le duc est informé de la trahison de la duchesse.

Voir les analyses très fines d'André Maraud, *Romania*, t. 93, 1972, pp. 433-459.

D'un point de vue structurel, le récit n'existe que par l'existence du secret et de la trahison. Ce motif est un élément clé de la « logique des possibles narratifs ». Le résultat final est la « dégradation produite », pour reprendre l'expression de Claude Bremond ; mais le duc et le chevalier ne trahissent le secret qu'en vue d'une « dégradation évitée ». Les trahisons se suivent en cascade, « en sorte qu'une dégradation en appelle une autre ». Il se forme des paliers, des sursis qui, s'ils ne sont pas des phases d'amélioration, représentent néanmoins une tentative de préserver ce qui peut l'être : ces paliers sont constitués par l'éventualité du silence du duc et de la duchesse. En ce cas, « l'état déficient qui marque la fin de la première dégradation n'est pas le vrai point de départ de la seconde ». Cette dégradation se fait toujours par la trahison du secret : il y autant de « méfaits » que de trahisons. Le motif du secret constitue une « véritable charnière du récit », ou, selon une autre expression de Roland Barthes, une *fonction cardinale*, un *noyau* : « L'action à laquelle elle se réfère ouvre une alternative conséquente pour la suite de l'histoire, bref... elle inaugure ou conclut une incertitude » (« Introduction à l'analyse structurale des récits », *Poétique du récit*, Paris, Seuil, 1977 (*Points*), p. 21).

Le motif du secret trahi, partagé et non aboli, est le fondement même du récit : il en détermine les lignes actantielles et le sens, il contribue à définir les personnages.

5. *s'i descuevre.* De *soi descouvrir*, « se confier à quelqu'un, découvrir ses secrets ».

12, 439, 784, 808. *fin amant.* « *Fin*, adj., peut rendre une foule de nuances qui varient avec le substantif qu'il qualifie et qu'il élève à sa plus haute puissance » (L. Foulet). Un *chevalier trop fin* est un chevalier accompli ; une *fine angoisse* est une angoisse aiguë ; la *fine verité* (vers 241), c'est la vérité pure ; *de fin cuer* (vers 243), « du profond de leur cœur » ; *li fin amant* sont les amants parfaits ; la *fine amor*, par rapport à l'amour et à la courtoisie, est l'amour parfait, la religion de l'amour. Sur la *fine amor*, voir notre *Anthologie de la poésie lyrique des XII*e* et XIII*e* siècles*, Paris, Poésie / Gallimard, 1989, pp. 21-33.

18. *en Borgoingne.* « L'aventure que rapporte *La Chastelaine de Vergi* se déroule en Bourgogne. Le lieu de l'action comprend d'une part la résidence de la châtelaine, où les amants se rencontrent, d'autre part la cour du duc de Bourgogne, où le chevalier, qui est l'un des familiers du duc, est remarqué par la duchesse. C'est l'amour qui retient le chevalier à la cour ; s'il venait à être banni, il ne pourrait pas emmener avec lui son amie. Cette disposition du lieu décourage donc toute tentative de fuite : elle condamne les protagonistes du drame à vivre dans une proximité d'autant plus dangereuse que leurs relations sont régies par la loi du secret » (André Maraud, art. cité, p. 438).

Le récit repose sur l'opposition de deux grandes lignes : celle de la *fine amor* et celle du monde social. À la première appartiennent la châtelaine et le chevalier ; à la seconde, le duc de Bourgogne et la duchesse, ainsi que tout l'univers féodal, rempli de personnages invisibles dans le récit. Entre ces deux lignes, la différence est mince : rien de comparable à ce que nous avons dans les lais merveilleux où l'Autre Monde féerique s'oppose radicalement au monde humain. Le chevalier appartient aux deux mondes par sa double fonction d'amant courtois et de vassal du duc ; il sera pris entre deux forces contraires : l'amour l'oblige à se taire, le poids de la société l'oblige à parler. Ces deux lignes se croisent en deux scènes de même longueur dont la première (le chevalier trahit le secret de son amour) est à l'origine de la seconde (la châtelaine apprend la trahison).

19. *d'un chevalier.* Si l'on essaie de définir le *chevalier*, on décèle trois sens principaux : c'est 1. un cavalier. 2. qui porte des armes caractéristiques, offensives (*espié, espee, brant, lance*) et défensives (*heaume, haubert, broigne, escu*). 3. c'est un guerrier professionnel, qui doit avoir des qualités physiques (n'oublions pas que l'armement était lourd) et morales et faire l'apprentissage de son métier. Les chevaliers formaient une corporation qui avait ses maîtres (les seigneurs chevaliers), ses compagnons (les simples chevaliers), ses

161

apprentis (les écuyers), ses saints patrons et son rite d'initiation (l'adoubement). Bref, le chevalier est « un guerrier d'élite au plus haut niveau ». Voir l'art. de Jean Flori, « La Notion de chevalerie dans la chanson de geste du XIIᵉ siècle », *Le Moyen Âge*, t. LXXXI, 1975, pp. 210-244.

20. *Et de la dame de Vergi.* La *dame* est la suzeraine selon le code féodal et courtois. Voir le livre d'A. Grisay, G. Lavis et M. Dubois-Stasse, *Les Dénominations de la femme dans les anciens textes littéraires français*, Gembloux, Duculot, 1969, pp. 117-139.

De *La Châtelaine de Vergy*, on a fait un roman à clé : la châtelaine serait Laure de Lorraine, nièce (à la mode de Bretagne) du duc Hugues IV de Bourgogne, laquelle fut mariée en secondes noces à Guillaume de Vergy, sénéchal de Bourgogne, entre 1259 et 1267. La duchesse serait Béatrice de Champagne, femme du duc Hugues IV depuis 1258. Mais Charles-Victor Langlois (p. 211) a fait justice de cette hypothèse de manière définitive.

23, 274, 745, 778, 812. *couvenant.* « Accord, contrat, promesse ».

33. *anglet.* « Petit coin ».

34. *chienet.* « Petit chien ». Ce chien de petite taille fait penser au chien Husdent, compagnon de Tristan et Iseut dans la forêt du Morois et dressé à chasser sans aboyer. Il s'agit, dans le cas du chien de la *Châtelaine*, d'un « emprunt adapté », comme le dit Jean Frappier : il est *afetié*, « dressé » (vers 718, 736, 908) à sortir dans le jardin pour servir de signal au chevalier. « Familier de sa maîtresse, comme tous les brachets de romans, il était de sa part messager de bonheur ; c'est lui qui, sans le savoir et sans le vouloir, réunissait les amants. C'est lui maintenant qui, par l'adroit agencement donné à la narration, devient le véhicule de la funeste révélation, et qui est la cause de leur mort » (Jean Bichon, *L'Animal dans la littérature française au XIIᵉ et au XIIIᵉ siècle*, 2 vol., Lille, 1976, p. 669). Deux thèmes sont utilisés : celui de l'animal guide des amants et celui du secret amoureux divulgué. Le chien a une grande importance. Silencieux, il ne peut trahir le secret ; messager des amants, il parcourt en silence la distance qui les sépare. Cependant, c'est par lui que le secret va être dévoilé. En effet, le chevalier, pour que son dire soit perçu comme véritable, révèle au duc (vers 355-358) le rôle tenu par le petit chien dont l'apparition signifie que la châtelaine peut recevoir son ami. L'allusion que la duchesse fait au petit chien (vers 717-718) implique qu'il y a eu trahison, car l'animal n'est un signal que pour celui qui en connaît la signification.

35. *vergier.* La mention du verger, comme lieu de rencontre des amants, a entraîné la transformation du titre qui est devenu *La Châtelaine du Vergier*, les deux mots étant proches phonétiquement.

43, 703, 707. *cointes.* Cet adjectif, issu du latin *cognitus*, a deux grands types de signification : 1. qui connaît bien quelque chose, expert, prudent, rusé, trompeur ; 2. joli, gracieux, aimable, élégant. La culture courtoise a contribué à développer le second sens, que nous avons au vers 43. Cf. Paul-Max Groth, *Altfranzösich COINTES und ACOINTIER*, Munich, 1926. Pour Robert-Léon Wagner (*Les Vocabulaires français*, Paris, 1967, p. 69, n. 1), « il est pratiquement impossible de savoir si l'infléchissement de l'adjectif *cointe* (connue, familière) vers la valeur de " agréable, plaisante " est une innovation stylistique de Chrétien de Troyes ou si cet écrivain a tiré parti d'une extension d'emploi déjà acquise dans la langue commune ».

44. *acointes.* « Familier, ami ».

45. « Dans *La Chastelaine de Vergi*, le bonheur des amants est lié à la stricte observance du *couvenant* qui institue le secret ; mais les deux " rôles " du chevalier sont distincts. La duchesse s'éprend de lui à cause de ses qualités et parce qu'il se rend fréquemment à la cour où il s'est acquis l'amitié du duc, les événements de sa vie secrète ne sont pour rien dans cet incident de sa vie publique » (André Maraud, art. cité, p. 436).

49-54. *fist tel samblant d'amors... apercevoir par samblant... quel samblant qu'el en feïst, li chevaliers samblant n'en fist.* Faire *samblant*, c'est faire ou laisser entendre quelque chose aux autres par l'apparence de son visage ou par son attitude : *samblant fist de lui enorer*, chacun de ses gestes montre son désir d'honorer son hôte. « *Faire semblant* est aujourd'hui aussi courant que par le passé, mais il est toujours péjoratif : il implique l'idée de vouloir tromper ou berner son monde ; en se cristallisant ainsi l'expression a perdu beaucoup de sa couleur et de sa force. Du reste, l'emploi moderne apparaît déjà au Moyen Âge » (L. Foulet), comme au vers 2. *Par samblant*, « à en juger par l'expression de son visage », ce qui aboutit au même sens que *faire semblant* ou *mostrer samblant*, « sauf qu'ici ce n'est pas l'intéressé qui donne à penser telle ou telle chose, c'est l'autre qui interprète d'après le visage qu'on lui montre » (L. Foulet).

Ici apparaît le motif de la dame tentatrice (ou de l'épouse de Putiphar) qui compte trois éléments qui se succèdent nécessairement dans l'ordre : 1. La dame offre son amour au héros ; 2. celui-ci refuse ; 3. la dame l'accuse de l'avoir priée d'amour. Le prototype de ce motif est l'histoire de Joseph et de l'épouse de Putiphar (*Genèse*, XXXIX) ; la femme de Putiphar, un Égyptien commandant des gardes, tente de séduire Joseph, le serviteur, et lui demande de coucher avec elle. Joseph refuse et s'enfuit, mais abandonne son vêtement. La femme, prenant ce vêtement comme preuve, accuse Joseph auprès de son époux d'avoir voulu la séduire, et ce serviteur se retrouve dans une geôle. Ce motif apparaît dans les trois lais de *Lanval, Graelent* et *Guingamor*, et, plus anciennement, dans les histoires de Bellérophon dont s'éprend la femme de Proetos (*Iliade*, VI, vers 155 et sqq.) et d'Hippolyte dans la première tragédie d'Euripide. Cf. Bernard This, « Inceste, adultère, écriture », *Esprit*, avril 1971, pp. 644-677, et Stith Thompson, *Motif-Index*, K 2111.

59. *mist a reson. Mettre a raison*, « adresser la parole ». Sur les multiples sens du mot *raison* en ancien français et sur son évolution, voir Nelly

163

Andrieux-Reix, *Ancien français. Fiches de vocabulaire*, Paris, P.U.F., 1987, pp. 119-126.

64. *honor et preu.* Sur l'*onor*, et sur la nouvelle théorie, qui se dégage aux XIIe-XIIIe siècles, du roi au milieu de sa cour dont les relations sont définies par l'*onor*, l'*amor* et la joie, voir Dominique Boutet, *Charlemagne et Arthur ou le roi imaginaire*, Paris, Champion, 1992. La notion d'*onor* comme fondement de l'activité royale aussi bien que de l'activité chevaleresque est sans doute celle qui transforme le plus les idéologies anciennes, au point de revenir comme un leitmotiv dans la littérature (en particulier arthurienne) — cœur de la politique courtoise mais insinuant une conception laïque de la royauté qui fait du roi autre chose que le sommet de la pyramide des hommages vassaliques.

Preu, prod (du latin *prode*). Le mot est ici un nom, au sens de « profit » ; il peut être aussi un adverbe (« beaucoup ») et surtout un adjectif : « bon », « suffisant » ; « bon pour la guerre », « vaillant », « valeureux » (vers 19, 60)...

75. *que ce monte. Monter* a ici le sens figuré de « valoir, être utile, servir ».

78. *a deus doie. Doie* est une forme de pluriel, ou plutôt de collectif, du mot *doit*, « doigt ».

81. *se devient :* « peut-être » (littéralement « si cela arrive »).

87. *Isnel le pas :* « aussitôt ». La forme de cet adverbe, primitivement *en es le pas (in ipso illo passu)*, a subi l'influence de l'adjectif *isnel*, « rapide », mais il désigne moins la rapidité de l'action que l'instantanéité d'un mouvement : « sur-le-champ ».

92. *a moi n'a vous :* « en ce qui me regarde ou en ce qui vous concerne ».

94. *a nul fuer :* « à aucun prix » ; *a nis un fuer*, « à quelque prix que ce soit ». Sous la forme *fur*, le mot est conservé dans la locution *au fur et à mesure* où il n'est plus compris.

95. *mesprison :* « erreur, faute plus ou moins grave ».

97. *vilaine*, « ignoble ». Le *vilain* était un paysan certes soumis au ban du châtelain et devant à son seigneur les taxes et redevances habituelles, mais libre de sa personne, sans tare déshonorante, au contraire du serf qui, dans une dépendance personnelle et héréditaire, ne peut entrer dans l'Église, ni prêter serment, ni se marier en dehors du groupe des serfs dépendant du même seigneur que lui *(formariage)*, ni léguer son héritage à ses enfants *(main morte)*, il doit chaque année payer une redevance, le *chevage*, qui pèse sur lui-même. Mais le mot vague de *vilain* (habitant d'un village) n'a pas tardé, comme *manant* (habitant), à prendre une coloration péjorative dans une société à prédominance guerrière, et, se trouvant à proximité de *vil*, a signifié : « bas, méchant, sans noblesse ». Par la suite, trop employé, ce terme d'injure s'est affaibli.

164

100. *Dans musars*, « monsieur le sot ». *Dans* (de *dominus*) est ici, comme *vassal*, employé avec une valeur agressive. Voir l'art. de Lucien Foulet sur *sire* et *messire* dans *Romania*, t. 71, 1950, pp. 1-48, 180-221 et t. 72, 1951, pp. 31 et sqq. ; Philippe Ménard, *Le Rire et le sourire dans le roman courtois en France au Moyen Âge (1150-1250)*, Genève, Droz, 1969, pp. 716-718.

Musart, tantôt légèrement narquois, tantôt très railleur, employé aussi bien au XIIᵉ qu'au XIIIᵉ siècle, désigne le « sot » qui perd son temps, qui baguenaude, qui muse. Cf. Ph. Ménard, *op. cit.*, pp. 466 et 720.

104, 512. *deshait* : « déplaisir, tristesse, souffrance ».

109. Le couple que constituent le duc et la duchesse de Bourgogne « est la caricature de celui des amants : la duchesse ment à son mari tout en exigeant de lui une confiance sans réserve, comme le chevalier ment à son amie quand il lui dissimule qu'il a dû trahir leur secret et que le duc est là, caché, qui les épie » (André Maraud, art. cité, p. 452).

111. *errant :* « sur-le-champ ». Participe présent du verbe *errer*, « faire route », devenu adverbe avec le sens d' « immédiatement, aussitôt ». Ce verbe *errer*, « aller, cheminer, marcher », qui vient du latin *iterāre*, ne doit pas être confondu avec le verbe *errer*, « s'égarer, se tromper », du latin *errāre*. De la famille du premier ne subsistent que des mots souvent mal compris, comme *errements*, « façons d'agir habituelles », *chevaliers errants*, « qui s'en vont à l'aventure », *le Juif errant*, condamné à marcher sans cesse.

113. *maintenant :* « aussitôt ».

120. *fet soi li dus.* En face de *dire, faire*, la forme pronominale *soi dire, soi faire* signifie « assumer la responsabilité de ses paroles ». Cf. Gérard Moignet, *Grammaire de l'ancien français*, Paris, Klincksieck, 1973, p. 187.

132. *Et je me porpenssai.* Le verbe *soi porpenser* est le verbe de la réflexion, du calcul, le plus souvent orienté vers l'action.

133. *tantost que :* « aussitôt que ». Voir Philippe Ménard, *Syntaxe de l'ancien français*, Bordeaux, Bière, 3ᵉ éd. 1968, §§ 306 et 241.

142. *J'en vendrai bien a chief :* futur de l'expression *venir a chief*, « venir à bout, achever », Le mot *chief*, « tête », avait tendu à prendre une nuance favorable, à coloration noble, par exemple, quand prédomine une impression de solennité *(par mon chief)*, de beauté, de noblesse, de force, ou quand est dépeinte une attitude symbolique du corps, tandis que *teste* demeurait un mot expressif et pittoresque, et à devenir un mot abstrait, ce qui explique ses emplois dans des locutions toutes faites et des expressions figées : *au cief de la forest*, « à l'extrémité de la forêt » (*Aucassin et Nicolette*, XVIII), *el premer chef devant*, « au tout premier rang » (*Chanson de Roland*, vers 3018), *de chef en chef*, « de bout en bout », *mettre a chief*, « mener à bout », *a chief de foiz*, « parfois »... Voir Pierre Le Gentil dans *Romania*, t. 71, 1950, pp. 49-65 ; Robert-Léon Wagner, *op. cit.*, pp. 53-54.

148. *par droit que :* « avec cette conséquence légitime que ».

167, 406. *druerie :* « amour ». *Dru*, qui désigne le vassal, a été transposé dans le registre amoureux. « Ici encore, une nuance de soumission est le plus souvent perceptible, qu'il s'agisse de l'hommage rendu par un soupirant à sa dame... ou, inversement, de la soumission et de l'obéissance qu'une femme doit à son mari... En fait, l'emploi de *drue* concerne rarement l'épouse. Le mot s'applique en général à la maîtresse, l'amante... Le terme désigne de préférence tantôt la femme aimante qui plie d'elle-même devant les exigences de son partenaire..., tantôt celle à qui son partenaire impose ou tente d'imposer ses volontés... Dans les deux cas, le mot implique un ascendant, une domination exercée par l'élément masculin » (A. Grisay, G. Lavis, M. Dubois-Stasse, *op. cit.*, pp. 151-153). Cf. aussi Émile Benvéniste, *Problèmes de linguistique générale*, t. I, Paris, Gallimard, 1966, pp. 298-301, et *Le Vocabulaire des institutions indo-européennes*, t. I, Paris, Éd. de Minuit, 1969, pp. 104-110.

178, 724, 939. *ire*, tantôt « chagrin » et tantôt « colère », et entre les deux une variété de nuances.

184. *eschis*, « exilé, banni ».

209. *par si que, par tel couvent que :* « dans des conditions telles que », « à condition que, pourvu que ». Voir Ph. Ménard, *Syntaxe de l'ancien français*, § 263.

218. *fiancier :* « assurer ».

243. *ça en arrière :* « jusqu'à présent jour », en remontant vers le passé en partant d'ici.

251. *cointise :* « élégance ». Voir vers 43.

269. *le geu a parti si fort :* « il a proposé une alternative si difficile ». Selon L. Foulet (*op. cit.*, p. 153), « les expressions *jeu parti, jeu mal parti* sont assez fréquentes, elles sont pleinement établies, et si on ne le savait pas, on ne devinerait pas qu'originairement il y avait là une allusion à un jeu littéraire cultivé dans la haute société », au *jeu parti*, ou *parture*, au *joc partit* ou *partimen* en provençal, qui oppose sur un problème particulier, en rapport souvent avec l'amour, deux poètes qui parlent tour à tour devant deux juges arbitres évoqués à la fin (cf. notre *Anthologie...*, p. 355). Paul Rémy (*Mélanges Maurice Delbouille*, t. II, Gembloux, 1964, pp. 560-561) a eu raison d'observer qu' « 1) il arrive qu'on ne trouve ni alternative ni choix. *Partir un jeu* signifie " proposer une condition, forcer un adversaire à tomber d'accord ", et *le jeu est mal parti* quand les conventions ne sont pas équitablement respectées, quand les chances sont inégales... 2) L'alternative (il s'agit parfois de trois possibilités) et l'obligation de choisir apparaissent plusieurs fois, mais celui qui propose le choix n'accepte pas nécessairement une proposition restée disponible. L'alternative n'engage alors que celui à qui elle est présentée, ou un tiers ».

279. *foimentie*, souvent lié à *desloiaus, parjures, parjurés, faus*, etc. (*com desloiaus, parjures, foimentie*, Gillebert de Berneville), présente aussi la forme *foimenti*, et désigne « celui qui a manqué à la foi qu'il a jurée ».

284. *adès* (de *ad de ipsum*), « continuellement, sans cesse, toujours », a pu prendre, comme *sempres*, le sens de « à l'instant, aussitôt, tout de suite ».

285. *solaz* : « apaisement, divertissement ». Sur les emplois du mot, voir Georges Lavis, *L'Expression de l'affectivité dans la poésie lyrique française du Moyen Âge (XIIᵉ-XIIIᵉ siècle). Étude sémantique et stylistique du réseau lexical joie-dolor*, Paris, 1972. Le mot évoque, plus fréquemment que *deport* — et tout comme le mot *joie* lui-même ou comme *deduit* et *delit* —, le plaisir physique de l'amour (*ibid.*, p. 267).

292. *li Chastelains de Couci*. Guy, châtelain de Coucy-le-Château (Aisne) entre 1170 et 1203, prit part aux Troisième et Quatrième Croisades. En 1202, il s'opposa à la déviation vers Constantinople, mais il resta dans l'armée des croisés. Il n'atteignit pas le terme du voyage, puisqu'il mourut pendant la traversée de la mer Égée et, d'après Villehardouin, son corps fut jeté à la mer. Faut-il l'identifier, comme Holger Petersen Dyggve, avec Guy de Ponceaux, l'ami le plus cher de Gace Brulé ? Auteur de chansons courtoises, il fut l'objet, après sa mort, d'une légende qui donna son nom à un roman, *Le Roman du Châtelain de Coucy et de la dame de Fayel*, que Jakemes broda en 1290 sur le thème du « cœur mangé » (voir p. 140, note 1).

294. *en un vers d'une chanson :* « couplet d'une chanson ».

295. Cette chanson du Châtelain de Coucy se retrouve dans *Le Roman de la Violette* de Gerbert de Montreuil et, en son entier, dans *Le Roman du Châtelain de Coucy et de la dame de Fayel*, de Jakemes. Cette insertion lyrique correspond à un bouleversement intérieur du personnage qui semble incapable de s'exprimer par lui-même. C'est un autre texte qui étaie le texte lui-même, au demeurant le seul passage proprement lyrique de *La Châtelaine de Vergy*, dont rien ne nous dit qu'il est mis sur les lèvres du chevalier, encore qu'on puisse le supposer : cette strophe du Châtelain de Coucy peut être prise en charge aussi bien par le narrateur que par le chevalier. Elle forme un tout complet, qui s'adapte bien à la situation : loin de se borner à exprimer l'angoisse du chevalier, elle annonce, par l'emploi de l'imparfait, la fin de cet amour, que préfigure d'ailleurs la chanson en son entier, connue sans nul doute des auditeurs/lecteurs de l'époque. Or la suite du poème évoque le motif des *losengiers* perfides et envieux et se clôt sur un adieu. Il est dès lors possible d'envisager pour le chevalier une fin tragique, du moins une douloureuse séparation. Voici le texte de cette chanson d'après l'édition d'Alain Lerond, Paris, P.U.F., 1963, et la traduction d'Aimé Petit et François Suard dans *Le Roman du Châtelain de Coucy et de la dame de Fayel*, Troesnes-La Ferté-Milon, Corps 9 Éditions, 1986 (« *Trésors littéraires médiévaux du Nord de la France* ») :

I

A vous, amant, plus k'a nulle autre gent,
Est bien raisons que ma doleur conplaigne,
Quar il m'estuet partir outreement
Et dessevrer de ma loial conpaigne ;
Et quant l'i pert, n'est rienz qui me remaigne ;
Et sachiez bien, amours, seürement,
S'ainc nuls morut pour avoir cuer dolent,
Donc n'iert par moi maiz meüs vers ne laiz.

II

Biauz sire Diex, qu'iert il dont, et conment ?
Convenra m'il qu'en la fin congié praigne ?
Oïl, par Dieu, ne puet estre autrement :
Sanz li m'estuet aler en terre estraigne ;
Or ne cuit maiz que granz mauz me soufraigne.
Quant de li n'ai confort n'alegement,
Ne de nule autre amour joie n'atent,
Fors que de li — ne sai se c'iert jamaiz.

III

Biauz sire Diex, qu'iert il du consirrer
Du grant soulaz et de la conpaignie
Et des douz moz dont seut a moi parler
Cele qui m'ert dame, conpaigne, amie ?
Et quant recort sa douce conpaignie
Et les soulaz qu'el me soloit moustrer,
Conment me puet li cuers u cors durer
Qu'il ne s'en part ? Certes il est mauvaiz.

IV

Ne me vout pas Diex pour neiant doner
Touz les soulaz qu'ai eüs en ma vie,
Ainz les me fet chierement conparer ;
S'ai grant poour cist loiers ne m'ocie.
Merci, amours ! S'ainc Diex fist vilenie,
Con vilainz fait bone amour dessevrer :
Ne je ne puiz l'amour de moi oster,
Et si m'estuet que je ma dame lais.

V

Or seront lié li faus losengeour,
Qui tant pesoit des biens qu'avoir soloie ;
Maiz ja de ce n'iere pelerins jour

Que ja vers iauz bone volenté aie;
Pour tant porrai perdre toute ma voie,
Quar tant m'ont fait de mal li trahitour,
Se Diex voloit qu'il eüssent m'amour,
Ne me porroit chargier pluz pesant faiz.

VI

Je m'en voiz, dame! A Dieu le Creatour
Commant vo cors, en quel lieu que je soie;
Ne sai se ja verroiz maiz mon retour:
Aventure est que jamaiz vous revoie.
Pour Dieu vos pri, en quel lieu que je soie,
Que nos convens tenez, vieigne u demour,
Et je pri Dieu qu'ensi me doint honour
Con je vous ai esté amis verais.

Nus n'a pitié. Va, chançon, si t'en croie
Que je m'en vois servir Nostre Signour
Et sachiés bien, dame de grant valour,
Se je revieng, que pour vous servir vois.

Auprès de vous, amants, plus que devant tous autres,
Il est bon de plaindre mes souffrances,
Car, sans rémission, il me faut partir
Et me séparer de ma douce compagne.
Or, si je la perds, plus rien ne me reste,
Et qu'Amour le sache bien :
Si jamais on a pu mourir de deuil, je mourrai,
Et plus jamais ne composerai mélodies ni chants.

Seigneur Dieu, que m'arrive-t-il donc ?
Me faudra-t-il à la fin prendre congé ?
Oui, puisqu'il n'en peut être autrement, et que
Sans elle, je dois partir en terre étrangère.
Aucun bonheur, il faut m'en croire, ne pourrait à l'avenir
Me sourire, car mon réconfort, mon apaisement m'ont été ravis ;
Je n'attends la joie d'aucune femme
Si ce n'est d'elle : sera-ce encore possible ?

Par Dieu, Amour, c'est peine que de renoncer
Aux doux plaisirs, à la compagnie
Et aux gages que me donnait sans cesse
Celle qui est ma compagne et mon amie.

169

Or, quand je me souviens de sa courtoisie si pure
Et des doux propos qu'elle me tenait,
Je me demande comment mon cœur ose encore rester en ma poitrine :
S'il ne me quitte, c'est par trop de lâcheté.

Je sais bien, maintenant, qu'il me faut expier
Tous les plaisirs que j'ai eus jusqu'ici ;
Dieu ne veut pas m'absoudre sans quelque compensation,
Mais j'ai grand-peur que ma pénitence soit cause de ma mort.
Pourtant — mais Dieu pourrait-il être un vilain ? —
C'est agir en vilain que séparer les amants,
Et je ne puis reprendre mon cœur à ma dame,
Même au moment où je dois la quitter.

Les médisants imbéciles peuvent maintenant se réjouir,
Eux qui s'irritaient de mon bonheur ;
Pour moi, bien que pèlerin, je ne le serai pas au point
D'avoir jamais envers eux la moindre bienveillance.
À cause d'eux, peut-être, toute ma joie me sera ravie,
Si grands sont les coups qu'ils m'ont portés ;
Et si Dieu ordonnait qu'ils eussent mon amitié,
Il ne pourrait m'imposer de fardeau plus pesant.

Je m'en vais, Madame. Je vous recommande,
En quelque lieu que je sois, à Dieu le Créateur ;
Je ne sais si vous me verrez revenir,
Car mon retour est aux mains du destin ;
Je vous prie en tout cas, où que mon cœur se trouve,
De tenir votre promesse, que je revienne ou demeure,
Et priez Dieu qu'il accroisse mon honneur,
À la mesure de ma loyauté et de mon amitié à votre égard.

Personne n'a pitié de moi. Va, mon chant, et sois la preuve
Que je m'en vais servir Notre Seigneur ;
Et vous, dame de haute valeur, sachez-le bien,
Si je reviens, c'est aussi pour vous servir que je pars.

306. *penssis,* « préoccupé, en proie à des réflexions souvent douloureuses ». Comme *pensée,* l'adjectif *pensif* actualise dans la plupart des occurrences la notion de pensée douloureuse, d'inquiétude, de préoccupation.

314, 330. *reconnoistre,* « avouer ».

335. *sor vostre hommage.* L'on devenait le vassal, *l'hom* d'un suzerain, par plusieurs actes solennels. Par l'hommage *(commendatio, hominium, hominaticum, hominagium)* qui comporte deux éléments : un geste, *l'immixtio* *manuum*, le vassal plaçant ses mains dans celles du seigneur, et une déclaration : je deviens votre homme *(devenio homo vester)*. Par la foi *(fides, juramentum, jusjurandum)* : le vassal prêtait serment de fidélité debout, la main sur un livre saint, un autel ou des reliques. Assez souvent, surtout en France, par le baiser *(osculum)* ; de là les expressions *homme* (ou *hommage*) *de bouche et de mains.* Que devait faire le vassal ? Ne pas nuire à son seigneur, ni le mettre en péril (devoir de *securitas*) ; le servir par *l'auxilium* (service militaire ; services divers comme l'administration domaniale, le port de messages, les escortes ; aide pécuniaire pour la rançon du seigneur prisonnier, pour l'adoubement du fils aîné, pour le mariage de la fille aînée, pour le voyage en Terre sainte) et par le *consilium,* surtout pour juger les causes soumises à son suzerain. Mais les obligations sont réciproques : « Nous disons et voirs est selonc nostre coustume que, pour autant comme li homs doit a son seigneur de foi et loiauté par la reson de son homage, tout autant li sires en doit a son homme » (Philippe de Beaumanoir). Même aspect négatif : ne rien faire qui attente à la vie, à l'honneur, aux biens du vassal. Mêmes aspects positifs : le seigneur doit protéger son vassal (le défendre s'il est attaqué injustement en justice ou à la guerre, garantir la possession de ses fiefs, l'assister de ses conseils) et l'entretenir, que le vassal vive dans la maison du seigneur ou qu'il obtienne un fief.

Voir François L. Ganshof, *Qu'est-ce que la féodalité ?* 4ᵉ éd, Bruxelles, 1968 ; Marc Bloch, *La Société féodale*, Paris, Albin Michel, 1939-1940 ; Guy Fourquin, *Seigneurie et féodalité au Moyen Âge*, Paris, 1970.

345. *encuevre,* du verbe *encouvrir* « couvrir par son silence ».

363. *aloingne, alonge, sans —,* « sans retard ».

367. *Més que,* « à condition que, pourvu que ». Selon Ph. Ménard, *op. cit.,* p. 233, « L'emploi hypothétique de *mais, mais que* dérive soit de la valeur adversative de *mais* suivi d'un subjonctif de souhait, soit du sens étymologique " plus " passé au sens de " mis à part que, sous la réserve que " devant un subjonctif d'éventualité. »

374-476. La scène de rendez-vous constitue le nœud du récit en son milieu, où triomphe le lyrisme, en dehors du temps chronologique, sans ordre logique. Elle fait office d'aventure merveilleuse, qui permet d'accéder à une réalité différente, supérieure, réservée à l'élite des âmes sensibles.

388. *s'esconsse,* « se cache ».

399. *choisi,* « aperçut ». *Choisir* au XIIᵉ siècle, c'est « discerner de loin avec les yeux ». Selon R.-L. Wagner, *op. cit.,* pp. 83-84, « les emplois de *choisir* en ancien français répondent toujours à une situation concrète où ce que l'on discerne ainsi de loin, ce que l'on isole donc par la vue, est l'objet d'une attente, d'un souhait, d'un désir. Guenièvre, reine adultère (au moins d'intention) dans le lai de *Lanval,* lorsqu'elle *choisit* Lanval du haut du château, souhaite séduire un jeune chevalier de la *maisniee Artus.* Le héros perdu sur une île déserte attend la voile qu'il discerne comme l'instrument de sa délivrance. À supposer maintenant que *eslire*, représentant du latin *exlegere* (classique *eligere*), fût un mot dont l'emploi se cantonnait dans une langue écrite, surveillée, et qu'il y répondît à des situations particulières, on voit par quel processus *choisir* dans la langue commune s'avéra propre à ne plus retenir que le second trait " dégager après examen ce que l'on désire " ; le même processus a conduit l'allemand *Kiesen* à occuper la même situation que *choisir* en français moderne. »

410. *trestoz jors puis que je n'i fui*, « tous les jours depuis le moment où j'y fus ». Selon Albert Henry, *op. cit.*, p. 46, « la négation est parfois introduite, par contamination, dans les subordonnées introduites par *avant que, puisque, sans que* ». Voir Adolf Tobler, *Vermischte Beiträge*, IV, 45 et 46.

425-426. Il faut construire ces deux vers de la manière suivante : *et si tient la duchesse a menteresse de ce que dit li ot.*

431-432. *endemetiers que*, « pendant que ». Pour exprimer la coïncidence d'une action-point avec une action-durée, l'ancien français a utilisé les formes suivantes :

1° *Époque prélittéraire et archaïque* : *dementres que* (*dum* + *interim* + *s* adverbial) et *endementres que*, qui ne sont guère usités au-delà du XIIe siècle et se trouvent limités à l'Île-de-France, la Champagne et la Normandie ; plus fréquents, *dementiers que* (*dum* + *interea* + *s* adverbial) et *endementiers que* ; *entrues que* (*inter* + *hoc* + *s* adverbial) et *trues que* (par suite d'une décomposition absurde), dans le nord et le nord-ouest du domaine d'oïl, rares en prose, mourant au milieu du XIIIe siècle ; *tant come, tandis come*, et *tandis que*, qui, du sens d' « aussi longtemps que », sont passés à celui de « pendant que », le premier étant faible à cause de sa collision avec *tant que* « jusqu'à ce que », le troisième apparaissant au XIIe siècle, vigoureux au XIVe siècle au sens de « pendant que », aujourd'hui synonyme d' « au lieu que » pour marquer l'opposition.

2° *Époque classique de l'ancien français* : apparition de formations nouvelles soit par le renforcement de locutions prélittéraires avec *tant* (*tant dementres que, tant dementiers que*) et *entre* (*entrementiers que, entretant que* ou *come, entre tandis come*), soit, plus rarement, par l'usage d'*entre* ou de *tant* dans de nouveaux tours (*entre que, en* ou *i tant que*), soit par l'introduction de *que que* qui, sous l'influence de Chrétien de Troyes, pénètre dans la prose mais qui n'est pas attesté au-delà du XIIIe siècle.

3° *Moyen français* : *pendant que, cependant que, durant que*, qui, à l'origine constructions participiales absolues (du type *le combat pendant* ou *durant*) du vocabulaire juridique, s'ébauchent à la fin du XIIIe siècle et au XIVe siècle (Froissart utilisera *en che pendant que*), entrent dans l'usage au XVe siècle, voire au XVIe siècle, sans doute à la faveur de la relatinisation de la langue, les autres locutions ayant opposé jusqu'à cette date une forte résistance.

Pour exprimer cette coïncidence on pouvait se servir aussi de morphèmes non spécifiques tels que *come (si come, si que), quant, la ou, ence que, a ce que, en cel point que, en cel termine que...*

434. *jurent* « couchèrent » du verbe *gésir* (vers 569), qui pouvait signifier en ancien français : 1. « être couché », « avoir des relations sexuelles » ; 2. « être malade » ; 3. « être mort ».

435. *deport*, dérivé de *deporter* formé sur *porter* comme *deduire* sur *duire*. « En ancien français, *deduit, deport, distraire, esbanoier* s'opposaient à *jouer* et à *jeu* par un trait représentatif qui leur est commun et que marque leur préfixe : c'est celui de quitter la vie régulière et monotone du droit chemin, et de se soustraire à la routine » (R.-L. Wagner, *op. cit.*, pp. 33-34). *Deport* et *solaz*, qui manifestent par rapport à *joie* la plus grande proximité sémantique, peuvent être utilisés au pluriel et dénoter une manière d'être ou un comportement, et en particulier la conduite de l'amant courtois à l'égard de la dame. Voir G. Lavis, *op. cit.*, pp. 264-265.

449. *envoiseüre*, « allégresse, gaieté ». *Envoiseüre* et *envoisié*, comme *baut* et *baudour*, comme *joli* et *joliveté*, marquant l'enjouement d'une attitude ; ils font référence à une certaine façon de se comporter, à un état d'esprit ou une disposition de cœur débouchant sur un comportement incitant, par exemple, à chanter. Voir G. Lavis, *op. cit.*, p. 258.

472. *S'en part*, « se sépare (de la dame) », « s'en va ». *Partir* (du latin *partiri*) signifiait en ancien français, et jusqu'au XVIᵉ siècle, « séparer », « diviser », « partager ». Le sens subsiste dans l'expression *avoir maille à partir avec quelqu'un* « avoir à partager avec quelqu'un une très petite monnaie qu'on ne peut diviser », « se disputer ». À la fin du Moyen Âge, *partir* a tendu à prendre le sens de « s'en aller », sans doute d'abord à la voix pronominale *se partir* « se séparer de quelqu'un », « s'en aller ». Les mots de cette famille se sont répartis en deux groupes : 1) l'un, autour de l'idée de « partir » : *départ, en partance* ; 2) l'autre, autour de l'idée de « partager » : *part, parti, partage*.

473. *L'uis*, 477, *l'uisset*. *L'huis* (qu'on a encore dans *juger à huis clos* « juger les portes fermées » et dans *huissier*, chargé primitivement d'ouvrir et de fermer les portes des hauts personnages et des tribunaux) désignait les portes des maisons et les vantaux des poternes, tandis que *porte* s'appliquait aux grandes portes des villes et des châteaux.

486. *deduit*. Voir la note du vers 435. « Anciennement le *déduit* s'opposait à une distraction cherchée dans le repos, l'oisiveté. Il désignait génériquement une occupation de nature non utilitaire ou qui, du moins, si elle rapportait quelque chose comme la chasse par exemple, exigeait de l'invention, de l'ingéniosité, des péripéties. On parlait ainsi du *déduit des échecs*, du *déduit amoureux* » (R.-L. Wagner, *op. cit.*, p. 34). Le mot est lié à une attitude active et concrète *(chanter, acoler, baisier...)*.

497, 604. *vostre merci :* expression de reconnaissance pour une faveur accordée ou que vous priez qu'on vous accorde. Cette locution adverbiale a été à l'origine un complément circonstanciel, comme *mien escient* (« à mon avis »), *vostre veiant* (« sous vos yeux »), *maugré mien* (« malgré moi »), *mon vueil...*

518. *delit,* de *delitier* (du latin *delectare*), comme *deduit,* exprime le plaisir ou l'agrément ; mais il s'agit d'une attitude plus réceptive ou plus intellectuelle. « Plus d'un trouvère évoque, par exemple, le *delit* de ses pensées tout entières occupées par l'image de la femme aimée, et où, parfois, s'insinue le désir » (G. Lavis, *op. cit.,* p. 261). Les deux mots peuvent faire référence au plaisir physique de l'amour : *avoir son deduit entier, mener son deduit, faire son deduit ou son (ses) delit(s), avoir son (ses) plaisant(s) delit(s)...*

529. *Si Dieus me gart.* Ce tour, qui signifiait « aussi vrai que je demande que Dieu me garde », est une variante du tour *si m'aït Dieus ;* voir notes des vers 759 et 773.

539. *duel* (deul, dol), de *dolu,* est notre mot *deuil.* Mais il signifiait en ancien français « douleur, chagrin, souffrance. » Évolution sémantique : 1) « douleur » ; 2) « douleur ressentie à l'occasion de la mort d'un être cher » ; 3) « marque extérieure de cette douleur » (*être en deuil, porter le deuil*). *Deul* est devenu *deuil* sous l'influence des mots comme *œil/yeux.*

558. *engin,* du latin *ingenium,* signifia d'abord « intelligence, talent » ; puis, se dépréciant, il a pris le sens de « ruse » ; d'autre part, il a pu désigner le produit concret de l'intelligence, tant des machines de guerre que des pièges pour la chasse et la pêche.

560. *S'el le sueffre :* il y a une autre leçon, *s'en sueffre,* de *soi soffrir* « patienter ».

571. *metre au desouz,* « dominer, l'emporter sur, triompher de ».

575-576. *irie... besie :* formes picardes de *iriee* et de *besiee,* la triphtongue *-iee* devenant *-ie.* Voir note du vers 178.

595. *arvoire* (de *arbitrium*) « tromperie, illusion » ; « ... car apiax qui n'est veritavles n'est pas a rechevoir, et tix manieres d'apiax sunt apelé auvoire (*arvoire*) ; autant vaut auvoire comme bourdes proposees en jugement » (Philippe de Beaumanoir, 63, 2).

684. *cort mout pleniere.* La cour est dite *pleniere* quand le suzerain réunit tous ses vassaux, à l'occasion d'une grande fête (Pâques, Ascension, Pentecôte) ou de cérémonies comme un adoubement, un mariage... Voir, sur ce point, les livres de Marie-Luce Chênerie, *Le Chevalier errant dans les romans arthuriens en vers des XIIe et XIIIe siècles,* Genève, Droz, 1986, et de Dominique Boutet, *Charlemagne et Arthur ou le roi imaginaire* (cité dans la note du vers 64).

692, 802. *corage*, « cœur, volonté, sentiments ». Cf. Jacqueline Picoche, *Le Vocabulaire psychologique dans les Chroniques de Froissart*, Paris, Klinck-sieck, 1976, pp. 53-57.

695, 712. *Talent*, « volonté, désir ». Ce mot, fréquent au Moyen Âge, appartient au vocabulaire de la volonté plutôt qu'à celui du jugement. Ce sens ancien disparaît au XVIᵉ siècle, au profit du sens nouveau, promis à une belle fortune, d' « aptitude, capacité ». Au XVIIᵉ siècle, le mot se dit de toutes les aptitudes. Boileau ne conseille-t-il pas à l'écrivain médiocre : *Soyez plutôt maçon si c'est votre talent* ? Il s'applique aux domaines d'activité les plus élevés : on parle du *talent* d'un écrivain, d'un artiste, d'un homme d'État, d'un homme de guerre. Quant à l'origine et au changement de sens du mot, on peut penser que *talent*, de *talentum*, qui désignait un poids d'environ vingt-cinq kilogrammes, « avait été emprunté d'abord dans son sens primitif de " poids qui fait pencher la balance " (conservé peut-être dans le grec de Marseille), d'où décision qui emporte la volonté. À l'époque de la Renaissance, un sens nouveau, déjà esquissé dans le latin scolastique, se serait introduit par une allusion à la parabole des talents dans l'Évangile de Matthieu : le serviteur fidèle enterre le talent que son maître lui a confié : le talent serait donc le don naturel que recèle l'individu » (Georges Gougenheim, *Les Mots français dans l'histoire et dans la vie*, t. I, Paris, Picard, 1962, p. 127).

699. *quant les tables furent ostees*. Se rappeler qu'au Moyen Âge, les tables étaient démontables : on *mettait* la table, on posait le plateau sur les tréteaux, puis on l'*ôtait*, pour faire place aux danses.

714. *mon seignor*. Jean Frappier considère que la châtelaine est une femme mariée, mais *seignor* peut renvoyer aussi bien au duc qu'au mari hypothétique, comme dans la version en prose où *seigneur* renvoie au duc.

718. *afetier*, « dresser » (voir note du vers 34).

724-725. *li cuers... el ventre*. L'expression médiévale, *le cuer del ventre*, d'une anatomie bizarre, est courante : elle nous place au tréfonds de l'être ; il n'en reste qu'un souvenir dans la locution, d'une autre tonalité, « avoir du cœur au ventre ».

726, 857, 862. *garderobe*, « alcôve, chambre ».

727. *une pucelete*, « fillette, jeune fille ». La fonction de cette fillette est plus complexe qu'il ne paraît. « Elle transmet un message dont elle ne connaît pas la teneur et sa fonction est en ceci analogue à celle du *chienet*. Ce qu'elle transmet n'est un message que pour qui peut le recevoir comme tel ; la châtelaine en effet se croyait seule ; les paroles qu'elle prononce ne sont pas destinées au chevalier. En rapportant à un vivant les dernières paroles d'une morte, la fillette trahit un secret dont elle ne se savait pas dépositaire. En somme, la *pucelete* est un stratagème du récit, comme le *chienet* est un stratagème des amants. Par elle se manifeste l'ironie d'un destin, ou plus exactement d'une logique, qui retourne contre les hommes les moyens qu'ils emploient pour lui échapper » (André Maraud, art. cité, p. 455).

Sur *pucelle* et *pucelette*, voir l'ouvrage cité d'A. Grisay, G. Lavis et M. Dubois-Stasse, pp. 156-166.

733 et sq. Le monologue de la châtelaine, le plus long (99 vers contre 11 pour le monologue du chevalier), est structuré en trois temps, selon les pronoms personnels employés : du vers 733 au vers 754 — temps de la stupéfaction —, le chevalier est évoqué par le pronom *il* ; du vers 755 au vers 783, il est pris à partie sous la forme d'un *vous*, du vers 784 au vers 831, il redevient *il* : c'est l'appel à la mort de la châtelaine qui n'a plus de raison de vivre. La châtelaine passe au premier plan de l'œuvre dans ce monologue qui s'apparente à la chanson courtoise par son aspect affectif et ses références à la plénitude passée.

740-742. Selon A. Henry, *op. cit.*, p. 46, « Cas assez rare : dans la subordonnée, un subjonctif imparfait qui exprime un fait présent, et dans la principale un subjonctif imparfait qui exprime un fait passé et qui équivaut à un conditionnel passé de la langue moderne. » Cf. A. Schardt, *Die vollständige hypothetische Satzgefüge mit der Konjunktion* si *in Französischen* Göttingen, 1911, p. 41.

749. *nis une eure.* Neïs (vers 775, 908), *neis, nois, nes (nesun), nis* (du latin *nec ipse*) est à l'origine un adverbe négatif « pas même », « même pas », qui a pu s'employer dans des phrases positives au sens de « même » (775, 908).

759. *se Dieus me conseut :* dans les expressions renforçant une affirmation, un serment, etc. (sens premier : « aussi vrai que je demande que Dieu me conseille »), on attend *si* (sic) ; mais très tôt il y a eu confusion entre *se* et *si*.

773. *si m'aït Dieus.* Ce tour, qui signifiait « aussi vrai que je demande que Dieu m'aide », comportait l'adverbe *si*, le verbe *aït* (3ᵉ personne du présent du subjonctif du verbe *aidier*) et le sujet inversé *Diex*. Devenu formulaire, mal compris, le tour s'est modifié tout en conservant le subjonctif : la conjonction de subordination *se* s'est substituée à l'adverbe *si* et le sujet a été antéposé au verbe *(se Diex m'aït)*. On peut traduire l'expression par « Par Dieu ! ». Le tour non seulement a connu toutes sortes de variantes : *se Dex me gart, se Dex m'amant, se Diex me voie, se Diex me saut, se Damedex l'aïst...,* mais aussi s'est simplifié en *m'aït Dieus,* et a fini par prendre les formes de *medieu, mes dieux, midieu.* Voir l'article de Lucien Foulet dans *Romania,* 1927, t. 53.

780. *leece.* Proche de *joie,* ce mot « garde de son origine cléricale et religieuse une coloration particulière qui le rend adéquat à traduire de préférence une exaltation spirituelle ou sentimentale, mais inadéquat, par exemple, à la désignation de la jouissance amoureuse » (Georges Lavis, *op. cit.,* p. 250).

785. *desroi,* « désordre, manquement, faute ».

816-818. Nous avons conservé le texte du manuscrit, en comprenant qu'au vers 816 *puis* est employé absolument au sens de « pouvoir quelque chose, avoir de la force », et qu'au vers 817 *que* a le sens de « car ».

834. La mort de la châtelaine est une mort d'amour, et non pas de chagrin ; elle montre que l'amour est plus que la vie même.

841. *se deduisoit*, « se divertissait » ; voir vers 486.

864. *perse*, « violacée, pâle, livide ». Sur les autres sens de *pers*, voir Lucien Foulet, *op. cit.*, pp. 225-226.

879. *ataïna*, « taquina, querella ».

880. *ramposna*, « railla ».

889. *Si fust droiture*, « il aurait été juste ».

897. *espuer*, « planche, boiserie, support en bois ». Voir Adolf Tobler et Erhard Lommatzsch, *Altfranzösisches Wörterbuch*, 25, 1264.

910. *ez vous*, « voici » : du latin *ecce*, qui donne *ez*, réduit en *es* ; dès le latin, il existait des tours avec un pronom explétif, ou datif d'intérêt. S'usant, le tour a été renforcé par l'adverbe *atant*. Comme on a pris à tort *es* pour une forme du verbe *être*, on a refait cette forme en *este(s)* à cause de la proximité de *vos*. Il arriva même que *vos* fût modifié en *vois* sous l'influence du verbe *veoir* (cf. les tours voisins *voi ci, veez ci*).

dervé, forme picarde de *desvé*. *Derver* signifiait « devenir fou », « rendre fou ». Dans *Le Chevalier au lion* de Chrétien de Troyes, il est question d'un *desvé* (vers 629) qu'il convient de présenter lié devant les grilles du chœur afin qu'il puisse être exorcisé. L'un des personnages du *Jeu de la feuillée* d'Adam de la Halle est un *dervé* qui se livre à toutes sortes de violences et d'excentricités (voir Jean Dufournet, *Adam de la Halle à la recherche de lui-même ou le jeu dramatique de la feuillée*, Paris, S.E.D.E.S., 1974, pp. 297-340, et éd. du *Jeu de la feuillée*, Paris GF, 1989). Le mot est à rapprocher de *rêver* (*resver*) qui signifiait en ancien français « rôder », « délirer » et qui, ensuite, s'est substitué à *songer* pour désigner les visions du sommeil, et du désuet *endêver* dans la locution *faire endêver*, « faire enrager ». *Dervé* désigne souvent un fou furieux.

915. *grant oirre*, « en toute hâte, à toute allure » ; locution adverbiale formée sur le mot *oirre* « voyage » ; voir *errant*, vers 111.

943. *templier*. L'ordre du Temple est le premier exemple d'une création originale de l'Occident médiéval : l'ordre religieux et militaire. Créé au début du XIIe siècle par quelques chevaliers pour incarner les idéaux des croisades, la garde du tombeau du Christ et la protection des pèlerins, il développa, à travers la Chrétienté, un réseau de maisons et d'exploitations qui collectaient les revenus nécessaires à la défense de la Terre sainte, dont il assuma la plus forte part par ses forteresses en Orient et par les combattants qu'il envoyait. L'échec des croisades et l'effacement des États latins de Terre sainte entraînèrent son déclin. Toutefois, sa mise en accusation par le roi de France, puis sa disparition dramatique en 1314 sont à replacer dans le duel que se livrèrent alors le pouvoir spirituel du pape Clément V et les pouvoirs temporels de Philippe IV le Bel, de Jacques II d'Aragon, de Denis de Portugal, d'Édouard Ier et Édouard II d'Angleterre. Voir, sur ce sujet, l'excellente mise au point d'Alain Demurger, *Vie et mort de l'ordre du Temple*, Paris, Le Seuil, 1985.

On peut se demander pourquoi le duc de Bourgogne décide de se faire templier à un moment où le Temple avait beaucoup perdu de son prestige. Selon Paul Bretel, dans sa thèse *Moines et ermites dans la littérature du Moyen Age (1150-1250)*, Paris, 1993, p. 28 : « L'auteur... considérant peut-être que son personnage, après le meurtre de la duchesse, ne pouvait connaître la paix intérieure, choisit pour lui les occupations de Marthe plutôt que le repos contemplatif du cloître. »

951. *Example.* « Le mot *essemple* (*example*) qualifie, en ancien français, toute illustration concrète d'un discours moral, qu'il s'agisse d'une anecdote édifiante ou de la traduction imagée d'un concept » (Jean-Charles Payen, « Genèse et finalités de la pensée allégorique au Moyen Âge », *Revue de métaphysique et de morale*, t. 78, 1973, p. 468).

LES RÉÉCRITURES DU TEXTE

Page 111.

1. Pour la liste des manuscrits, voir les références citées au début de notre section « Principes d'édition ».

2. Sur ce point, se reporter à l'article de René E. V. Stuip, « *La Châtelaine de Vergy* du XIIIe au XVIIIe siècle », pp. 159-160, note 10.

3. Editée par René E. V. Stuip, « *La Châtelaine de Vergy* », Paris, 10/18, 1985, p. 81-109. Voir l'art. de Jonna Kjaer (1988) cité dans la bibliographie, ainsi que ceux de René E. V. Stuip (1985) et d'Edgar Sienaert (1985).

4. Edité par René E. V. Stuip, éd. citée, p. 125-174.

5. Pour l'étude de ce texte de Marguerite de Navarre, se reporter dans la bibliographie aux articles d'A. L. Stiefel, de Jean Frappier, d'Hélène Charpentier, de Mario Bensi et de Marcel Tetel.

6. Avec la très aimable autorisation de l'auteur que nous remercions sincèrement.

Page 117.

1. *grossesse*. Dans l'original : *groisse*.

2. Faire bonne(s) chère(s) : faire bon visage, montrer de l'affection.

Page 121.

1. Mener aux champs : mettre à l'épreuve.

Page 123.

1. *Angustiae sunt mihi undique :* je suis traqué(e) de toutes parts (Daniel, 13, 22).

Page 125.

1. Argilly : ancien château des ducs de Bourgogne dans l'actuelle Côte-d'Or, détruit au XVIe siècle pendant les guerres de religion.

Page 129.

1. *affetté.* Dressé (voir note sur le vers 34).

Page 133.

1. Le supplice d'Ixion (condamné à être attaché à une roue enflammée) est ici confondu avec celui de Prométhée.

Page 134.

1. *défine.* Meure.

Page 136.

1. Saint Paul, Première épître aux Corinthiens, 7, et Épître aux Éphésiens, 5.

Page 138.

1. Deutéronome, 24,5.

Page 140.

1. On pourra lire la traduction de Bandello par Marie-Hélène Poli dans le volume des *Conteurs italiens de la Renaissance* paru en 1993 dans la Bibliothèque de la Pléiade. À propos de Bandello, voir les articles cités ci-dessus dans la n. 5 de la p. 111, ainsi que le livre de Charles-Adelin Fiorato, *Bandello entre l'histoire et l'écriture. La vie, l'expérience sociale, l'évolution culturelle d'un conteur de la Renaissance*, Florence, Olschki, 1979, pp. 630-631.

2. Sur François de Belleforest, on peut lire maintenant de Michel Simonin, *Vivre de sa plume au XVIe siècle ou la carrière de François de Belleforest*, Genève, Droz, 1992 (« Travaux d'Humanisme et Renaissance », 268).

3. Sur la tragédie de Du Souhait, voir l'article de L. E. Dabney cité dans la bibliographie.

4. Des messagers rapportent à la dame du Fayel, embaumé et enfermé dans un coffret, le cœur de son amant mort en Terre Sainte ; mais le mari jaloux

179

s'empare du coffret à l'insu de la dame et lui fait servir à table le cœur accommodé par le cuisinier du château. Voir *Le Roman du Castelain de Couci et de la dame de Fayel*, édité par J. E. Matzke et Maurice Delbouille, Paris, 1936, et traduit par Aimé Petit et François Suard, Troesnes-La Ferté-Milon, 1986, et, partiellement, par Danielle Régnier-Bohler, dans *Le Cœur mangé*, Paris, Stock + Moyen Âge, 1979, pp. 241-251.

Page 142.

1. Sur Le Grand d'Aussy, lire G. Wilson, *A Medievalist in the Eighteenth Century*, La Haye, Nijhoff, 1975.

2. Nous avons modernisé l'orthographe du texte.

Page 156.

1. Pour compléter le tableau de la postérité de la *Châtelaine*, ajoutons en 1903 la parodie *Le Sire de Vergy*, opéra bouffe de Claude Terrasse sur un livret de Flers et Caillavet.

BIBLIOGRAPHIE

I. ÉDITIONS

La Châtelaine de Vergy a été éditée par :

– Gaston RAYNAUD, dans *Romania*, t. 21, 1892, pp. 145-193, et dans les *Classiques français du Moyen Âge*, n° 1, Paris, 1910 ; cette édition a été revue par Lucien Foulet, 2ᵉ éd., 1912 ; 3ᵉ éd., 1921 ; 4ᵉ éd., 1963 ;

– Joseph BÉDIER, Paris, 1927 (avec traduction française) ;

– Frederic WHITEHEAD, Manchester, 1944 ; 2ᵉ éd., 1951 ;

– Albert HENRY, Berne, 1953 ; 6ᵉ éd., 1978 (édition partielle dans la *Chrestomathie de la littérature en ancien français*) ;

– René E. V. STUIP, éd. critique du ms. BN. f. fr. 375 suivie de l'édition diplomatique de tous les manuscrits connus du XIIIᵉ et du XIVᵉ siècle, Paris-La Haye, 1970 ; édition *minor,* Paris, 1985 (10/18), avec traduction française ;

– Leigh A. ARRATHOON, thèse, Princeton University, 1975 ; 2ᵉ éd., Merrick, New York, 1984 (avec traduction anglaise).

II. TRADUCTIONS FRANÇAISES

La Châtelaine de Vergy a été traduite par :

– Joseph BÉDIER, *éd. citée,* 1927 ;

– François BAULIER, Athènes, 1949 ;

- Danielle RÉGNIER-BOHLER, dans *Le Cœur mangé*, Paris, Stock + Moyen Âge, 1979, pp. 197-220 ;

- René E. V. STUIP, éd. *minor* citée, 1985.

III. ÉTUDES

ARRATHOON, Leigh A., « Jacques de Vitry, The Tale of Calogrenant, *La Châtelaine de Vergi*, and the Genres of Medieval Narrative Fiction », *The Craft of Fiction : Essays on Medieval Poetics*, Rochester, Mi, 1984, pp. 281-368 ; « The *Compte en Viel Langaige* Behind *Heptaméron*, LXX », *Romance Philology*, t. 30, 1976, pp. 192-199 ; « The *Châtelaine de Vergi*. A Structural Study of an Old French Artistic Short Story », *Language and Style*, t. 7, 1974, pp. 151-182.

BENSI, Mario, « *La Châtelaine de Vergy*. Entre Marguerite de Navarre et Matteo Bandello », *Du Pô à la Garonne*, Agen, Centre Matteo Bandello, 1990.

BERTAUD, Madeleine, « Une *Chastelaine de Vergi* au crépuscule du XVIe siècle : la *Radegonde* de Du Souhait », dans *Amour tragique, amour comique, de Bandello à Molière*, Paris, SEDES, 1989, pp. 29-50.

BORINSKI, Karl, « *La Chastelaine de Vergy* in der Kunst des Mittelalters », *Monatshefte für Kunstwissenschaft*, t. 2, 1909, pp. 58-63.

CHARPENTIER, Hélène, « De *La Chastelaine de Vergi* à la soixante-dixième nouvelle de l'*Heptaméron*, ou les métamorphoses de l'infinitif », *Revue régionaliste des Pyrénées*, t. 67, 1984, pp. 55-82.

COHEN, Gustave, *Le Roman en vers au XIIIe siècle*, Paris, 1936, pp. 107-124.

COLLIOT, Régine, « Durée, moments, temps romanesques, d'après quelques intrigues des XIIe et XIIIe siècles », *Le Temps et la durée dans la littérature au Moyen Âge et à la Renaissance*, Paris, 1986, pp. 41-54.

COOPER, Linda, « Irony as Courtly Poetic Truth in *La Châtelaine de Vergy* », *Romanic Review*, t. 75, 1986, pp. 273-282.

CURTIS, Renée L., « The *Chastelaine de Vergi*'s Marital Status : A Further Reflection », *French Studies Bulletin*, t. 27, 1988, pp. 11-12.

DABNEY, L. E., « A Sixteenth Century French Play based on the *Chastelaine de Vergi* », *Modern Language Notes*, t. 48, 1933, pp. 437-443.

DUBRUCK, Edelgard E., « La Rhétorique du désespoir : Didon et la Châtelaine de Vergy », *Relire le Roman d'Énéas*, Paris, Champion, 1985, pp. 25-42 ; « The Rhetoric of Fin' Amors in the *Châtelaine de Vergy* : Inexpressibility and Hyperbole », *Courtly Romance*, Ann Arbor, 1984, pp. 73-88.

FRAPPIER, Jean, « *La Chastelaine de Vergi*, Marguerite de Navarre et

Bandello », *Mélanges 1945, Études littéraires, Publications de la Faculté des Lettres de Strasbourg*, fasc. 105, Paris, 1946, pp. 89-150 ; repris dans *Études d'histoire et de critique littéraires*, Paris, Champion, 1976, pp. 393-474.

GALLY, Michèle, « Récits brefs courtois : arts d'aimer ou nouvelles ? L'exemple de *La Châtelaine de Vergy* et du *Lai de l'Ombre* », *Le Récit bref au Moyen Âge*, Wodan, t. 2, 1989, pp. 123-140.

GROSS, Laila, « *La Chastelaine de Vergi* Carved in Ivory », *Viator*, t. 10, 1979, pp. 311-321.

HUNT, Tony, « The Art of Concealment : *La Châtelaine de Vergi* », *French Studies*, t. 47, 1993, pp. 129-141.

HUNWICK, Andrew, « L'Originalité de *La Châtelaine de Vergy* », *Revue des langues romanes*, t. 93, 1989, pp. 429-443.

KJAER, Jonna, « *L'Istoire de la Chastelaine de Vergier et de Tristan le Chevalier* (XVe siècle). Essai d'interprétation », *Revue romane*, t. 23, 1988, pp. 260-282.

KOSTOROSKI, Emilie P., « Quest and Query in the *Chastelaine de Vergi* », *Medievalia et Humanistica*, N.S. nº 3, 1972, pp. 179-198.

LAKITS, Pál, *La Châtelaine de Vergy et l'évolution de la nouvelle courtoise*, Debrecen, 1966 (*Studia romanica*, II).

LANGLOIS, Charles-Victor, « *La Châtelaine de Vergi* », *La Vie en France au Moyen Âge*, Paris, 1926, réimpression Slatkine, Paris, 1981, pp. 210-220.

LODGE, Anthony, « A new manuscript of the *Chastelaine de Vergi* », *Romania*, t. 89, 1968, pp. 544-554.

LOOZE, Laurence, « The Untellable Story : Language and Writing in *La Chastelaine de Vergi* », *French Review*, t. 59, 1985, pp. 42-50.

LORENZ, Emil, *Die altfranzösische Versnovelle von der Kastellanin von Vergi in spätern Bearbeitungen*, thèse, Halle, 1909 ; *Die Kastellanin von Vergi in den Literaturen Frankreichs, Italiens, der Niederlande, Englands und Deutschlands, mit einer deutschen Uebersetzung der altfranzösischen Versnovelle und einem Anhange : Die « Kastellan von Couci » sage als « Gabrielle de Vergi » legende*, Halle, 1909 ; en coll. avec A. L. Stiefel, « Die *Chastelaine de Vergy* bei Margarete von Navarra und bei Matteo Bandello », *Zeitschrift für französische Sprache und Literatur*, t. 38, 1911, pp. 278-279.

MARAUD, André, « Le Lai de *Lanval* et *La Chastelaine de Vergi* : la structure narrative », *Romania*, t. 93, 1972, pp. 433-459.

PAYEN, Jean-Charles, « Structure et sens de *La Chastelaine de Vergi* », *Le Moyen Âge*, t. 79, 1973, pp. 209-230 ; « Le clos et l'ouvert dans la littérature française médiévale et les problèmes de la communication », *Perspectives médiévales*, t. 2, 1976, pp. 61-72.

PIGUET, Nicole, « De *La Chastelaine de Vergi* à Bandello. La dérive du tragique vers le romanesque », dans *Amour tragique, amour comique, de Bandello à Molière*, Paris, SEDES, 1989, pp. 11-27.

183

RAYNAUD, Gaston, « *La Chastelaine de Vergi* », *Romania*, t. 21, 1892, pp. 155-165.

REED, J., « *La Chastelaine de Vergi* : Another View », *French Studies Bulletin*, t. 28, 1988, pp. 17-21.

RESOORT, Robert John, *Een schoone historie von der berchgravinne van Vergi. Onderzock naar de intentie en gebruikssfer van een zestiendeeeuwse prozaroman*, Hilversum, 1988.

RYCHNER, Jean, « La présence et le point de vue du narrateur dans deux récits courts : Le Lai de *Lanval* et *La Châtelaine de Vergy* », *Vox romanica*, t. 39, 1980, pp. 86-103 ; repris dans *Du Saint-Alexis à François Villon*, Genève, 1985.

SCHLATTER, E.B., « *La Chastelaine de Vergi* », *University of Wisconsin Studies in language and literature*, t. XX, 1924, pp. 44-62.

SCHMITT, Jean-Claude, « Le Suicide au Moyen Âge », *Annales : Économies, Sociétés, Civilisations*, t. 31, 1977, pp. 3-28.

SCHMOLKE-HASSELMANN, Beate, « *La Chastelaine de Vergi* auf Pariser Elfenbeinkästchen des 14 Jahrhunderts. Zum Problem der Interpretation literarische Texte anhand von Bildzeugnissen », *Romanistiche Jahrbuch*, t. 27, 1976, pp. 52-76.

SIENAERT, Edgar, « *La Chastelaine de Vergy* : vers et prose, conte et nouvelle », *French Studies in Southern Africa*, t. 14, 1985, pp. 9-16.

STIEFEL, A. L., « Die *Chastelaine de Vergy* bei Margarete von Navarra und bei Matteo Bandello », *Zeitschrift für französische Sprache und Literatur*, t. 36, 1910, pp. 103-115.

STUIP, René E. V., « *La Châtelaine de Vergy*, du XIIe au XVIIIe siècle », *La Nouvelle : définitions, transformations, Travaux et Recherches*, Lille, 1990, pp. 151-161 ; (en coll. avec T.J. Van Tuijn) « Interférences entre *La Châtelaine de Vergy* et *Le Roman de la Rose* », *Neophilologus*, t. 70, 1986, pp. 469-471 ; « *L'Istoire de la chastelaine du Vergier* », *Actes du IVe Colloque international sur le moyen français*, Amsterdam, 1985, pp. 337-359 ; « Un nouveau manuscrit de *La Chastelaine de Vergi* », *Romania*, t. 98, 1977, pp. 108-120.

TETEL, Marcel, « De *La Châtelaine de Vergy* à l'*Heptaméron*, 70, à Bandello, IV, 5 : une réécriture », *Du Pô à la Garonne*, éd. cit., 1990.

ZUMTHOR, Paul, « De la chanson au récit : *La Chastelaine de Vergi* », *Vox romanica*, t. 27, 1968, pp. 77-95 ; repris dans *Langue, texte, énigme*, Paris, Le Seuil, 1975, pp. 219-239.

IV. GUIDE ET BIBLIOGRAPHIES

Bossuat, Robert, *Manuel bibliographique de la littérature française du Moyen Âge*, 1 volume et 2 suppléments (jusqu'en 1960) ; 3ᵉ supplément par Françoise Vielliard et Jacques Monfrin, Paris, C.N.R.S., 1986 (1960-1980).

Clifford, Paula, *La Chastelaine de Vergi and Jean Renart, le Lai de l'Ombre*. Critical Guides to French Texts 53, Londres, Grant and Cutler, 1986.

Encomia, Bibliographical Bulletin of the International Courtly Literature Society, à partir de 1977[1].

---

1. Pour une première approche de l'environnement social, se reporter aux ouvrages de Marie-Thérèse Lorcin, *Société et cadre de vie en France, Angleterre et Bourgogne (1050-1250)*, Paris, CDU-SEDES, 1985, et *La France au XIIIᵉ siècle*, Paris, Nathan, 1975.

Composition et impression Bussière
à Saint-Amand (Cher), le 24 janvier 2006.
Dépôt légal : janvier 2006.
1er dépôt légal dans la collection : février 1994.
Numéro d'imprimeur : 060419/1.
ISBN 2-07-038832-8./Imprimé en France.

142298